河南财经政法大学统计与大数据学院

本书的出版得到河南省高等学校人文社会

统计研究中心"和刘定平教授"中原千人计划

社会信用体系建设背景下

企业信用与企业融资效率

Enterprise Credit and
Financing Efficiency under Social
Credit System Construction

张 坤 / 著

经济管理出版社
ECONOMY & MANAGEMENT PUBLISHING HOUSE

图书在版编目（CIP）数据

社会信用体系建设背景下企业信用与企业融资效率/ 张坤著 . —北京：经济管理出版社，2020.1

ISBN 978-7-5096-7055-2

Ⅰ.①社… Ⅱ.①张… Ⅲ.①民营企业—企业信用—关系—企业融资—研究—中国 Ⅳ.①F279.245②F832.4

中国版本图书馆 CIP 数据核字（2020）第 024203 号

组稿编辑：杨　雪
责任编辑：杨　雪　王莉莉
责任印制：黄章平
责任校对：董杉珊

出版发行：经济管理出版社
　　　　　（北京市海淀区北蜂窝 8 号中雅大厦 A 座 11 层　100038）
网　　址：www.E-mp.com.cn
电　　话：(010) 51915602
印　　刷：三河市延风印装有限公司
经　　销：新华书店
开　　本：720mm×1000mm/16
印　　张：12.5
字　　数：190 千字
版　　次：2020 年 5 月第 1 版　2020 年 5 月第 1 次印刷
书　　号：ISBN 978-7-5096-7055-2
定　　价：56.00 元

前　言

　　信用是市场经济的基石，有效地推动了市场经济的运行和发展。企业信用管理可以有效提升企业的市场核心竞争力，规范市场运行秩序。现阶段，国内企业信用管理流程不规范，管理体系尚未建立健全，严重影响了市场经济的健康运行。企业信用管理体系和机制研究迫在眉睫。同时，我国企业正处于产业转型升级的关键性历史时期，充裕的资金是企业完成转型升级的重要支撑和保障。国内经济运行中的实际问题和现有理论研究的不足，都迫切要求对企业信用和企业融资效率进行深入研究，这正是本书的选题意义。已有的文献往往局限在或单纯研究投融资效率问题、或关注融资制度和体系建设、或探讨融资方法创新等，缺乏对企业信用和融资效率，以及其相互关系和作用路径的理论研究，本书期望能从这些方面进行一些探索和尝试。本书的研究主要着眼于企业信用对企业融资效率的作用和影响，探究企业信用对企业融资效率的作用机理和影响路径。

　　首先，以历史的视角总结归纳了中华人民共和国成立以来我国企业信用和企业融资效率关联发展的现实，阐明国内企业信用管理实践发展、企业信用管理制度建设、企业信用管理宏观环境完善等与企业融资环境改善、融资渠道拓宽、融资行为规范、融资体制建立健全等所具有的阶段性同步关系，进而提出本书的研究问题（第 1 章）。本书对研究所涉及的相关术语进行了范畴界定，包括企业信用、企业融资效率等，并概括指出企业融资成本所包含的内容为资信评级费用、营销费用，以及在融资活动中企业所需支付的利息和代理费用等。同时，分别对融资效率的经典文献和企业信用管理的相关文献进行梳理，尤其关注了企业信用与融资效率相关性的研究成果，并对国内外为数不多的有关企业信用或信用评级与企业融资成本、融资效率的关系的文献进行了梳理，以验证本书最终研究结果的正确性（第2章）。以上研究内容共同构成了本书的理论研究部分。

其次，对企业信用缺失问题的现象和原因进行分析，认为国有企业"三角债"、债券违约、失信经营等企业失信行为出现的根本原因是信息不对称。因此，解决企业失信问题的关键在于削弱不对称信息所造成的影响，主要手段是建立健全企业征信体系。对企业信用缺失行为的分析，目的在于突出信用对于企业的重要作用，为后文研究企业信用与融资效率之间的关系做铺垫（第3章）。

为了更深入地探究企业信用对融资效率的作用机理和影响路径，本书进行了三个层次的实证分析。第一，选择2012~2018年新发行债券的民营企业进行实证分析，选取企业信用、企业规模、企业运营状况、总资产收益率、单位资产现金流入和金融机构贷款率六个指标分析企业信用对债务融资成本的具体影响，结合融资成本与融资效率的关系，得出企业信用间接影响企业融资效率的结论（第4章）；第二，以2012~2018年在深交所和上交所发行债券的民营企业为研究对象，从领导者素质、经营管理能力、盈利能力、偿债能力、发展潜力和信用水平六个层面构建评价企业信用级别的相关指标，并通过主成分分析法（PCA）和二项Logistic回归模型，计算民营企业的信用评级值，并以企业资金利用率作中间变量，进一步发现了企业信用与企业融资效率之间的作用机理（第5章）；第三，基于信用评级的视角，选取企业债务情况、债务期限、资本成本率、主营业务利润率、应收账款周转率和主营业务收入增长率作为研究变量，分析不同信用级别企业融资效率的影响因素，并将不同企业信用级别各指标分别进行对比。由于信用级别能够较好地反映企业的发展、经营等状况，不同信用级别企业的融资效率不同，通过对比分析可以发现，企业信用可以通

过融资成本、资金利用率、融资期限、融资规模等路径影响企业融资效率
（第6章）。

最后，分别从企业的内、外两个视角，提出了建立健全现代化企业信
用管理制度，提升企业尤其是民营企业融资效率的方法和路径（第7章）。

本书可能的贡献体现在三个方面：首先，从历史的视角，总结归纳了
中华人民共和国成立以来我国企业信用和企业融资效率关联发展的四个阶
段，进而提出本书的主要研究问题。其次，首次尝试研究企业信用对企业
融资效率的影响机理和影响路径，最终研究的落脚点是通过企业自身的信
用建设（企业内部和外部的信用制度建设）以提升企业融资效率，并选择
在资本市场发债的民营企业作为研究对象，以期为民营企业获得较高的融
资效率提供相关建议。最后，采用了新的实证分析方法，利用企业信用评
分中的运营能力得分与政府监管得分表示企业信用，发现企业信用与企业
资金利用率之间存在正相关关系。同时，通过对具体案例的对比分析，更
加详细、清晰地说明高信用等级企业相对于低信用等级企业的融资优势。

当然，本书也存在一定的不足之处。一方面，在民营企业系统中，普
遍存在数量多、分布广、信息不透明等特点，要搜集相关的信用数据难度
较大。笔者选取已发债且存在债券评级的民营企业作为研究对象，可能会
导致研究样本存在片面性。另一方面，由于民营企业在进行外部融资过程
中，涉及的相关信用指标较多，且部分指标无法用客观的数据表示，因
此，笔者采用了替代指标代替的方法，具有一定的主观判断，在一定程度
上会影响信用评估的准确性。

目　录

第1章

绪　论

1.1　研究背景

信用关系是一种根本的社会关系，是市场经济存在和发展的基础和保证，并有效推动市场经济的运行和发展。企业是市场经济发展的微观基础，企业信用管理问题对整个市场经济运行起到关键性作用，[①] 企业的信用状况是企业经营过程中对外经济交往信息的集中体现。当前，企业信用缺失、企业信用违规、企业信用管理体系不健全等一系列问题是制约我国企业，乃至整个市场经济健康发展的重要问题，这种发展现实也与1986年诺贝尔经济学奖得主詹姆斯·布坎南等提出的"企业在市场经济中存在因为机会主义而造成的失信行为"的观点一致。因此，企业信用体系建设是社会信用体系建设的重中之重，企业信用管理体系和机制研究迫在眉睫。

《新帕尔格雷夫经济学大辞典》将企业融资定义为：企业为取得资产而集资所采取的货币手段。企业的融资过程是动态的资本流动过程，而融资效率则可以看成是企业在有效配置资源的过程中所表现出来的能力。融资效率直接决定了企业在市场竞争中的生存状况和发展前景，并最终影响

---

① 邓召明，范伟. 我国证券市场融资效率实证研究 [J]. 国际金融研究，2001（10）：60-64.

着社会资源的配置效率。企业融资问题对企业的竞争和发展尤为重要，因此，融资效率也一直是经济金融领域学者和实业家关注的焦点。[①] 尤其当中国经济发展进入"新常态"，经济增长的质量和效率备受关注，企业融资效率问题也越来越成为经济金融领域研究的热点。

关注企业信用对企业融资效率的影响机制问题，其研究背景源于对中国当代企业融资发展历程和企业信用管理发展历程的审视，具体包括以下四个阶段：

第一阶段，在计划经济体制下，财政主导型企业融资体制（1949~1984年）。这个阶段，国内企业普遍执行财务统收统支，融资来源是政府的财政拨款，投融资活动由政府统一安排。企业统归国家所有，产权关系简单且单一，企业无融资自主权，融资效率问题更无从谈起。因此，这个阶段的企业信用管理处于启蒙期，信用管理形式简单，信用理念质朴，企业对企业管理的需求也较小。

第二阶段，改革开放初期，商业银行主导型融资体制（1985~1995年）。这个阶段，商业银行成为居民储蓄向企业贷款转变的媒介，银行贷款是企业融资的主要来源。但是，由于计划经济体制的影响尚存，商业银行与企业的"同源性"导致企业在经营不善时，很难借助其他融资渠道改善融资结构、提高融资效率，并分散和降低风险[②]。因此，这个阶段国内企业的信用管理观念和制度建设普遍落后，随着企业赊销业务和信用融资等业务（外贸企业尤为突出）的开展，企业坏账大量涌现，逾期账款数量激增，使银行出现大量不良资产。

第三阶段，以商业银行为媒介的间接融资占主导，辅以资本市场直接融资模式，且多元化融资模式共同发展的融资体制（1996~2006年）。这个阶段，国内证券市场快速发展，作为间接融资渠道的重要补充，国内企业的直接融资渠道得到了适度发展，初步形成证券市场的基本框架，这对改善整体经济运行效率产生了积极影响。但是，证券市场在促进社会资源

---

① 方军雄. 所有制、制度环境与信贷资金配置 [J]. 经济研究, 2007 (12)：82-92.

② 江伟, 李斌. 制度环境、国有产权与银行差别贷款 [J]. 金融研究, 2006 (11)：119-129.

优化配置、完善现代企业管理体系方面的功能未被充分发挥，企业融资方式极大丰富的同时，投融资不足与过热的现象同时或交替出现，企业整体融资效率下降，成为金融市场发展的安全隐患①。这个时期，随着国内经济进入调整期，企业也逐渐开始面临市场化经营带来的信用风险压力，呆账坏账大量出现、应收账款不能及时收回，国内企业普遍开始重视企业信用管理活动②。这个时期，国内企业信用信息的服务渠道得以快速发展，行业主管部门、工商行政管理部门等政府信用信息服务渠道开始为企业提供各种信用信息查询服务，企业信用报告内容逐渐丰富，服务价格逐步趋向合理。同时，国内也开始大量出现第三方企业征信服务公司，如中贸远大商务咨询有限公司、上海中商商业征信有限公司、北京中征征信咨询有限公司等。但是，这个时期多数信用服务机构是外资和民营企业，政府机构直接投资兴办的中介机构并没有发展起来。

第四阶段，深化发展时期（2007 年至今）。随着社会主义市场经济体制改革的逐步深入，企业的融资环境和条件得到了较大的改善，资本市场发展迅速，企业资金供给制度和融资渠道不断完善。在这个时期，民营经济得到了较快发展，成为社会主义市场经济的重要组成部分和促进经济发展的重要力量③。但是，我国正处于经济转轨期的发展事实并没有转变，与发达市场经济体相比，我国市场经济体制尚不完善，企业融资的制度环境和市场环境仍有待建立健全。据万得资讯公司（Wind）2016 年统计数据显示，目前，国内上市公司的融资现象混乱，资金使用效率普遍偏低。2017 年 1 月，证监会新闻发言人张晓军表示，现阶段，过度融资、融资结构不合理、资金使用效率较低等问题是上市公司融资的突出问题。由此可见，在这个时期，国有企业和民营企业改革的意义十分重要，而改革的一个关键问题是如何提高和保证企业融资效率。在企业信用管理发展方面，

---

① 熊彼特.经济发展理论［M］.北京：中国画报出版社，2012.

② 李新庚.信用关系对市场经济发展的促进作用［J］.中南林业科技大学学报（社会科学版），2010，4（5）：1-7.

③ 江伟，曾业勤.金融发展、产权性质与商业信用的信号传递作用［J］.金融研究，2013（6）：89-103.

2008 年美国金融危机加深了全世界对信用管理的理解，我国政府和企业也开始高度重视发展企业信用管理体系。《关于社会信用体系建设的若干意见》（2007）、《食品安全法》（2009）、《征信管理条例》（2013）、《社会信用体系建设规划纲要（2014—2020）》（2014）、《企业信息公示暂行条例》（2014）等一系列相关法律法规相继出台，在政府的引导下，国内大中型企业开始逐步建立信用管理制度，并开始向中小企业领域推广。这个阶段，随着互联网金融的快速发展，通信技术、大数据技术等在企业信用管理领域的应用，企业信用管理工作全面铺开，信用管理系统和模式逐步完善，层次和地位显著提升[①]。但是，总体而言，信用管理法制化程度不高、信用服务市场竞争混乱、信用产品供给与需求不匹配、信用管理与企业目标错位等问题仍然是制约我国企业信用管理发展的关键问题。

综上所述，通过归纳和总结中国当代企业融资发展历程和企业信用管理发展历程，笔者发现：一方面，国内企业信用管理实践发展、企业信用管理制度建设、企业信用管理宏观环境完善等与企业融资环境改善、融资渠道拓宽、融资行为规范、融资体制建立健全等具有阶段性同步关系，企业信用管理的发展与企业融资发展相辅相成；另一方面，在经济发展的每个阶段里，企业信用管理过程中出现的种种问题，与企业融资实践出现的问题也表现出阶段同步性，两者相互影响，企业融资效率低下与企业信用管理体系不健全似乎存在某些关联性。那么，企业信用体系建设与企业融资效率之间存在何种内在逻辑？如果内在关联存在，企业信用影响企业融资效率的路径是什么？从企业信用管理实践的角度，能否为提升企业融资效率提供理论和政策支持？这些问题构成了本书的研究出发点。本书以历史的视角，在学习和搜集了大量研究文献和资料的基础上，探索企业信用管理与企业融资效率的关系，并阐明其影响程度和作用路径。

---

① 王在全. 中国民营企业融资状况发展报告 [M]. 北京：中国经济出版社，2015.

1.2　研究意义

1.2.1　现实意义

目前，我国企业正处于产业转型升级的关键性历史时期。企业是产业的微观构成元素，企业转型升级是实现产业转型的前提，而充裕的资金是企业完成转型升级的重要支撑和保障，因此，企业融资和融资效率问题历来是企业和相关研究学者所关注的重点问题[①]。信用融资作为企业传统融资手段的重要补充，随着我国企业融资模式的转变逐渐被我国企业和金融机构认可，并成为我国企业融资的重要形式，尤其外源融资中的股权融资和债权融资形式发展颇为迅速，募集资金的规模也越来越大[②]。当前，世界范围内新一轮的科技革命和产业变革与我国加快转变经济发展方式形成历史性交汇，产业转型升级再一次成为我国经济发展的焦点课题，企业融资问题成为了眼下我国相关学者和企业所关注的热点，基于企业信用的股权融资和债权融资的信用融资形式尤其是。企业转型需要大量的资金投入，尤其是高新技术产业、机电产业、智能制造等，这些企业的转型要求在研发、设计、生产线建设等进行较大规模的前期资金投入，资金缺口将成为转型企业所不得不面对的普遍问题，基于企业信用的股权融资和债券融资能够为企业提供稳定持续的资金来源，保障企业转型战略的顺利实施。

市场经济某种意义上说是信用经济[③]。信用对于国家、企业和个人来

---

① 邹纯.信用评级高估与融资的所有制歧视——基于中国公司债的数据［J］.经济与管理研究，2015（7）：44-52.

② 应千伟，罗党论.授信额度与投资效率［J］.金融研究，2012（5）：151-163.

③ 吴晶妹.产权、道德、法律——社会信用制度的三大支柱［J］.前线，2004（4）：15-17.

说都是一种重要的资源，对企业而言其经济资源属性颇为明显，在信用融资领域企业信用的重要意义更为凸显。实践表明，资信评级较高的企业在进行股权融资和债券融资过程中所支付的代理费用、担保费用、利息等相对较低，且其融资目标更容易达成。此外，相关研究表明，资信评级较高的企业相对来说融资约束水平也较低①。研究企业信用对融资效率的影响机制有助于企业充分认识信用在融资活动中的重要作用，促使企业重视并构建信用管理体系。

1.2.2　理论意义

企业信用是信用融资的基础，不同于传统抵押贷款融资行为，信用融资将信用视为企业的稀缺资源，并据此进行融资活动。著名经济学家莫迪利亚尼（Modiglian）和米勒（Miller）基于完全竞争市场和完全信息的假设条件，提出了 MM 定理，也称为不相关理论，该理论认为企业在融资过程中，企业的市场价值与财务结构不相关，这奠定了企业进行信用融资的理论基础。随后随着相关学者对该理论的不断修正、发展，代理成本、优序融资、信息不对称等一系列信用融资理论相继推出，对现代企业信用融资理论体系发展具有推动作用。一直以来，国内学术界对企业融资问题的关注点是融资渠道扩宽和方式转变，并取得了一系列的成果，尤其是对中小企业融资约束问题的研究颇为丰富。但是企业信用与企业融资效率关系的相关研究较少且不成熟，较多的学者对企业融资的使用效率进行了研究，鲜有学者从企业信用角度出发对企业融资成本、融资约束、资金使用效率等融资效率影响因素进行研究，对企业信用如何具体影响企业融资效率缺乏全面研究，企业融资效率的评价标准等并没有达成共识。本书从企业信用与融资效率的关系出发，研究企业股权融资和债权融资模式的企业信用对企业信用融资效率的影响机制，这能够在一定程度上梳理和补充前

---

① 陈彬，卢荻，田龙鹏. 商业信用、资源再配置与信用扭曲——基于中国非上市企业数据的研究 [J]. 南开经济研究，2016（5）：3-18.

人的研究，具有一定的理论意义和价值。

对企业而言，诚信不仅是一种道德要求，而且是企业生存所必须遵循的黄金法则，也是企业进行多种经济活动所倚重的重要资源。"人无信而不立"，企业没有信用也很难获得生存与发展，尤其是在市场经济环境中。历史和现实表明，市场经济越是发展就越要求经济活动参与者诚实守信，较高信用水平是发达市场经济的基础和标志。众所周知，金融是市场经济的核心，而金融是建立在信用的基础上的，因此，表现为借贷关系的金融也被称为信用制度，而市场经济也被称为信用经济。改革开放至今，我国社会主义市场经济建设取得了巨大成就，经济市场化水平越来越高，而企业和个人信用水平与市场化发展水平不相称的问题也显现出来，一些个人和企业对信用的重要意义认识不到位，践踏诚信的行为不仅伤害自身也对整个市场秩序造成了破坏。《社会信用体系建设规划纲要（2014—2020）》指出，当前，我国社会信用体系建设与社会发展阶段和经济发展水平仍然存在不协调、不匹配和不适应的矛盾。作为社会信用体系的一个重要组成部分，企业信用体系建设对改善整体社会信用环境、防范经济金融风险、规范市场秩序、降低企业融资成本具有重要意义，是完善社会主义市场经济体制的重要手段，是社会主义市场经济发展的内在要求。随着互联网金融和大数据技术的发展，信用对企业发展的意义得到直观体现和提升，建立健全企业信用管理体系不仅有利于企业长期健康发展，而且对提升企业融资效率，提高社会整体效率都有积极的促进作用①。由于能力和篇幅限制，全面阐述企业信用对企业的重要意义显然不太现实，因此，笔者从所修专业出发，在阅读大量前人研究的基础上选取"企业信用对企业融资效率的影响分析"为主题进行研究，主要基于以下几点理由：

第一，当前世界范围内新一轮的科技革命和产业变革与我国加快转变经济发展方式形成历史性交汇，产业转型升级成为我国经济发展的焦点课题，企业融资问题自然而然地成为了眼下我国相关学者和企业所关注的热

---

① 卢福财. 企业融资效率分析 [M]. 北京：经济管理出版社，2001.

点。信用是金融活动进行的基础，企业信用是企业进行融资活动的必备条件。随着我国金融市场化改革的不断深入，企业融资渠道不断拓宽，企业自主选择融资渠道有了较好的环境与条件，但是，不论何种融资形式都建立在企业信用的基础上，企业信用贯穿企业融资的始终。实践表明，信用评价较高的企业在进行融资的过程中，不仅能较为容易地融到所需资金，而且所支付的融资成本相对较低，其融资目标更容易达成[①]。研究企业信用对融资效率的影响机制有助于企业充分认识信用在融资活动中的重要作用，促使企业重视并构建信用管理体系。

第二，前人关于企业融资的研究多集中在企业融资结构、融资效率的影响因素、中小企业融资约束上，并取得了一系列的成果，尤其是对中小企业融资约束问题的研究颇为丰富。但是，企业信用与企业融资效率关系的相关研究较少且不成熟，较多的学者对企业融资的使用效率进行了研究，鲜有学者从企业信用角度出发对企业融资成本、融资约束、资金使用效率等融资效率影响因素进行研究，对企业信用与企业融资效率的作用机理与影响关系也很少涉足[②]。本书着眼于企业信用与融资效率的关系，研究企业信用对企业信用融资效率的影响机制，能够在一定程度上梳理和补充前人的研究，具有一定的理论意义和价值。

第三，当前，中国经济进入"新常态"，经济增长更应该关注效率和质量，因此，融资效率问题在经济发展中的地位越来越重要。但是，不同的融资方式对企业融资效率的影响存在差异，在当前中国金融体系结构下，只有少数企业可以通过资本市场发行股票和债权，而企业信用对融资效率的影响问题没有受到重视，相关的金融政策、改革和创新也往往围绕资金市场和商业银行信贷进行，企业信用并未受到足够重视[③]。学术界，有关企业信用对企业融资效率影响的文献不足，部分文献研究企业现金流

---

① 邓向荣，张嘉明．融资方式、融资约束与企业投资效率——基于中国制造业企业的经验研究［J］．山西财经大学学报，2016（12）：29-40.

② 刘鹏飞，晏艳阳．社会资本与企业信用风险［J］．经济经纬，2016（2）：102-106.

③ 杜晓颖．企业信用评级体系的构建——基于非上市公司的视角［J］．金融经济学研究，2012（4）：86-96.

与融资效率、融资方式与融资效率的关系等，尚没有学者系统地探讨企业信用与企业融资效率的关系和作用路径，研究亟待深入。

综上所述，国内经济运行中的实际问题和现有理论研究的不足，客观上需要我们关注企业信用与融资效率的相关关系。已有的文献往往局限于单纯研究投融资效率问题，或关注融资制度和体系建设等，通常缺乏对两者的作用机理和影响路径的深入研究，因此，本书将从这些方面进行一些探索和尝试。

1.3 研究逻辑

本书的研究基于企业信用的视角，以民营企业信用管理作为切入点，探索企业信用与融资效率之间的相关关系，探究两者的作用机理、影响路径和经验证据。由于企业融资的影响因素多种多样，对企业信用的研究视角也各不相同，因此，本书的研究不能涵盖这两个关键变量的全部层面，研究的内容具体如下：

第一，基于历史的视角，概括总结了中华人民共和国成立以来我国企业信用和企业融资效率关联发展的现实，阐明国内企业信用管理实践发展、企业信用管理制度建设、企业信用管理宏观环境完善等与企业融资环境改善、融资渠道拓宽、融资行为规范、融资体制建立健全等所具有的阶段性同步关系，进而提出本书的研究问题。并对本书的研究意义、研究思路、研究方法等问题进行陈述。

第二，对本书所涉及的相关术语进行了适合本书内容的范畴界定。包括企业信用、企业融资效率等研究范畴，并概括指出企业融资成本所包含的内容为资信评级费用、营销费用，以及在融资活动中企业所需支付的利息和代理费用等。同时，分别对融资效率的经典文献和企业信用管理的相关文献进行梳理，尤其关注了企业信用与融资效率相关性的研究成果，并对国内外为数不多的有关企业信用或信用评级与企业融资成本、融资效率的关系的文献进行梳理，以验证本书研究最终结果的正确性。由于研究企业信用和融资效率作用机理与影响路径的相关成果较少，间接地说明了本书的研究具有一定的理论意义和创新性。

第三，对企业信用缺失问题的现象和原因进行分析，认为国有企业"三角债"、债券违约、失信经营等企业失信行为出现的根本原因是信息不对称。因此，解决企业失信问题的关键在于削弱不对称信息所造成的影响，主要手段是建立健全企业征信体系。对企业信用缺失行为的分析，目的在于突出信用对于企业的重要作用，为后文研究企业信用与融资效率之间的关系做铺垫。同时，本部分也对我国企业征信体系现状作了简要评述，为后文以评级结果作为企业信用水平的标尺提供理论和现实依据。

第四，首先从理论层面分析企业信用对融资成本的影响，其次选择2012~2018年新发行债券的民营企业进行实证分析，选取企业信用、企业规模、企业运营状况、总资产收益率、单位资产现金流入和金融机构贷款率六个指标分析企业信用对债务融资成本的具体影响，以验证企业信用对融资成本的具体影响，最后在企业信用影响融资成本，而融资成本又直接影响融资效率的基础上，得出企业信用能够影响企业融资效率的结论。

第五，以2012~2018年在深交所和上交所发行债券的民营企业为研究对象，从领导者素质、经营管理能力、盈利能力、偿债能力、发展潜力和信用水平六个层面构建评价企业信用级别的相关指标，通过主成分分析法（PCA）和二项Logistic回归模型，计算民营企业的信用评级值，实证研究发现：国有企业的信用评级高于民营企业。企业的信用级别、发债总额与企业债务融资成本负相关，与资金利用率正相关；企业发债期限与融资成本正相关，与资金利用率正相关；企业的偿债能力、财务状况、营运能力和发展能力与企业债务融资成本负相关，与资金利用率正相关。以企业资金利用率为中间变量，进一步发现了企业信用与企业融资效率之间的作用机理。

第六，从民营企业信用评级的角度，选取企业债务情况、债务期限、资本成本率、主营业务利润率、应收账款周转率和主营业务收入增长率作为研究变量，分析不同信用级别企业融资效率的影响因素，并将不同企业信用级别各指标分别进行对比，研究发现：AAA 级企业资金成本率低于BBB 级企业，而资金利用率高于 BBB 级企业，即企业信用级别越高，企业融资效率越高，因此，企业信用对融资效率具有正向作用。综合可见，信用级别能够较好地反映企业的发展、经营等状况，不同信用级别企业的融资效率不同，通过对比分析可以发现，企业信用可以通过融资成本、资金利用率、融资期限、融资规模等路径影响企业融资效率。

第七，由于企业信用管理本身即为企业运营的一项重要制度，最后部分，笔者将分别从企业的内、外两个视角，分析建立健全现代化企业信用管理制度的方法和路径。建立企业信用管理体系的内部策略主要包括弱化不对称信息的影响力度、完善财务管理与信息披露制度等。外部策略主要着眼于企业生存和发展的外部环境，包括企业信用担保体系建设、企业征信制度和信用评级体系建设、企业信用和融资的相关法律建设等。

本书的技术路线如图 1.1 所示。

1.4 研究方法

1.4.1 历史分析与归纳

企业信用发展的现实与我国改革开放的经济发展密不可分，本书通过对新中国成立后我国经济、金融和企业的发展过程的系统归纳和总结，期望通过历史分析与归纳的方法，理清信用管理的发展过程，使得研究脉络更加清晰、对企业信用管理发展的本质了解更加深入。并从历史的视角，分析企业信用管理实践与企业融资实践之间的内在关联和阶段一致性。

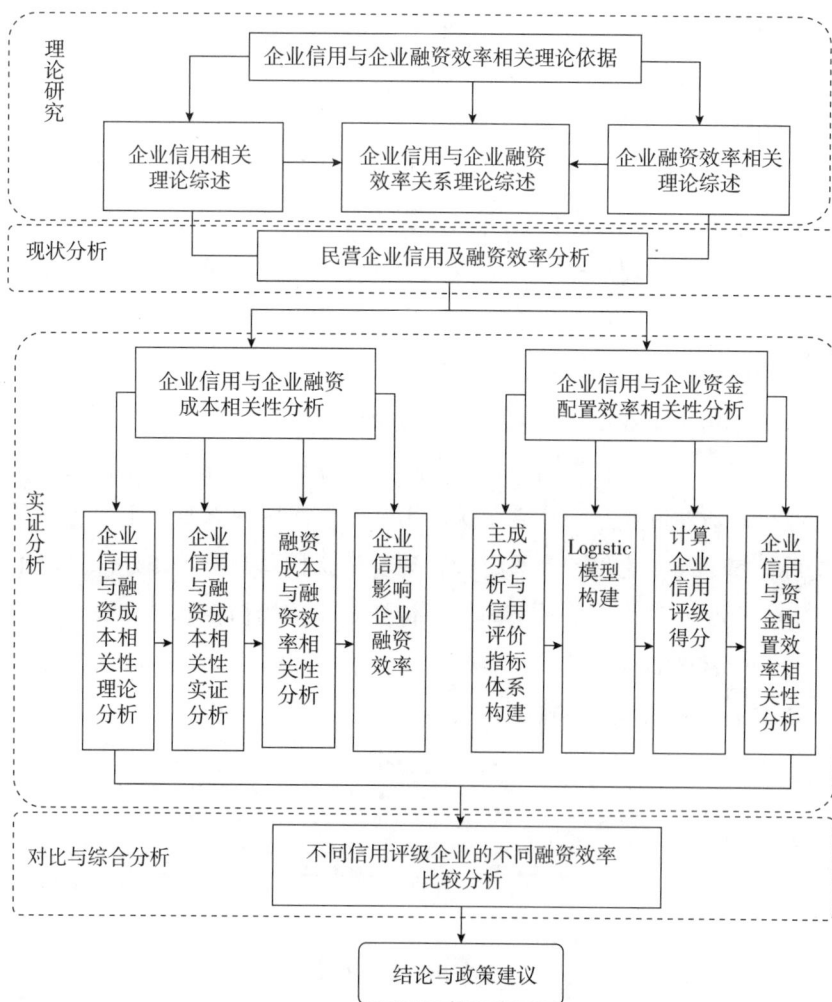

图 1.1 本书的技术路线

1.4.2 理论分析与实证分析相结合

企业信用对融资效率的影响是一个兼具理论性和实践性的课题，尤其是现阶段，对企业信用对融资效率作用机理和影响路径尚无定论的形势下，本书拟采取理论结合实证的研究方法，一方面，用规范研究的方法，探讨企业信用与融资效率之间的作用机理，从理论角度规范变量之间的逻辑关系；另一方面，通过实证数据搜集，并结合计量经济学研究工具，从微观视角检验企业信用对融资效率的影响。以期使问题的研究更具系统性、科学性、全面性。

基于对相关理论和已有文献研究成果，以及民营企业信用和融资状况进行分析后，搜集 2012~2018 年间发债民营企业的相关资料，分析民营企业信用与融资成本的关系，发现融资成本是融资效率的重要因素，进而推出企业信用与融资效率的关系。本书尝试建立二项 Logistic 回归模型，对已发债并存在债券评级的民营企业进行评分，进而研究民营企业信用与融资效率的关系。同时，将信用评级为 AAA 级、BBB 级的民营企业应用于上述的实证分析，说明企业融资效率在不同信用评级企业中的具体作用机理，将 AAA 级企业信用与融资效率之间的关系与 BBB 级企业进行对比，进一步清晰地说明企业信用对融资效率的影响路径。

1.4.3　直接分析与间接分析相结合

本书的直接分析是通过获取企业评级数据和企业资金利用率数据，直接分析两者之间的内在关联；间接分析则借用企业融资效率的两个关键变量——融资成本和融资结构，探索企业信用对融资效率影响的路径。

1.4.4　制度分析法

企业信用管理本身即为企业运营的一项重要制度。企业信用管理的制度性变迁和演进，可以纳入制度经济学研究范畴，本书尝试从制度经济学视角入手，将企业信用管理作为推动企业发展的一项制度进行阐释，分析其制度特征，并将企业信用管理的制度建设作为本书的最终落脚点，强调在经济新常态下，制度建设对提升企业信用管理水平，提高企业融资效率的理论和现实意义。

第2章

相关文献综述与理论基础

2.1　企业信用相关研究范畴界定

人类语言发展至今，一个词汇往往因使用环境不同或者学科不同而有着不同的内涵，所以本章开始便对所论关键词语进行范畴界定。

2.1.1　企业信用

信用的英文翻译是"Credit"，源于拉丁文"Credo"，意为相信、信任、声誉等。《牛津高阶英汉双解词典》中"Credit"一词的含义比较广泛，从信用的角度做出的解释是："信贷、信誉""品质""相信（动词）"。亚当·斯密和李嘉图的信用媒介理论认为信用与一个国家的经济发展程度密切相关，作为交易媒介的信用能够减少社会资本闲置，因此可以将信用定义为交易媒介。阿罗（Arrow，1987）也从信用功能角度对信用进行了阐述，但是强调信用的价值属性，认为信用是商品且具有经济价值。信用能够提高经济社会的运行效率，是社会系统有效运行的润滑剂。《大英百科全书》从借贷角度对"Credit"做了较为狭隘的解释，认为信用是一种交易行为，且以彼此的信任为基础。在信用交易过程中，一方承诺未来偿还某种商品、服务或者货币，而另一方在信任的基础上，为其提供所需①。而马克思则将信用定义为价值运动的特殊形式②，是一种有条件的付出或偿还。从以上对于信用范畴的阐释可以看出，国外学者多将信用与交易和信贷紧密结合起来解释，并且一些著作中将"Credit"一词直接解释为信贷，如《大英百科全书》《牛津高阶英汉双解词典》等。

《现代汉语词典》从信用的伦理学含义和经济学含义对其进行了阐释：首先，信用是因履约而获得的信任；其次，信用无需担保物即可到期偿付；最后，信用特指商业银行以货币为媒介的借贷行为或企业之间的赊销和预购行为。同时，国内也有学者从不同角度对信用的概念做出了相关界定。王利明（1993）指出"信用是在社会上与其经济能力相应的经济评价"。③ 杨立新（1996）认为信用是经济体履约能力和意愿的社会评价和信任。④ 两人都从法律的视角将信用定义为信誉、社会评价，比较贴近于英文词汇"Credit"的基本含义。此外，上述定义还强调信用主体的经济能力和偿债意愿等。吴晶妹（2006）⑤ 从道德和经济两个范畴阐释信用的内涵，认为道德范畴的信用就是诚信的意思。在经济中，信用直接与交易主体的利益相关联，同时能够维持经济运行的稳定性。

可见，信用的内涵十分丰富，包含伦理、经济和法学等多层内涵，但是本书研究的侧重点在于企业信用对于企业融资效率的作用机理和影响路径，需要进行必要的数理分析，因此，信用的可评价、可估计是十分重要的，所以参见信用内涵范畴的法律属性，本书将信用定义为"社会对市场主体的履约能力和履约意愿的评价"，以方便进行研究。结合信用的这一含义，企业信用的概念可以界定为"社会对企业的履约能力和履约意愿的评价"。

夏皮罗（Shapiro，1982）将企业信用定义为企业在不确定条件或信息

① 骆玉鼎.信用经济中的金融控制［M］.上海：上海财经大学出版社，2000.
② 马克思.资本论［M］.北京：人民出版社，2004.
③ 王利明.侵权责任法［M］.北京：中国人民大学出版社，1993.
④ 杨立新.人身权法［M］北京：中国检察出版社，1996.
⑤ 吴晶妹.有"信"更要有"用"［N］经济日报，2006-08-17（11）.

不对称条件下，对产出产品质量的预期，强调企业信用的可预测性和稳定性。丰布兰和尚利（Fombrun，Shanley，1990）认为企业信用是其利益相关者对企业的履约能力和意愿所做的判断，企业的利益相关者根据自身利益判别与之相关的信用信号，而不同的利益相关者会释放不同的信用信号，这造成了信用信号具有多样性的特点。拉奥（Rao H.，1994）提出企业信用是规范企业的社会、经济和管理行为的结果。申卡尔等（Shenkar，1997）在前人研究的基础上提出企业信用是企业的一种声望，它象征着企业的权威和特征，也代表着企业社会责任的社会认同性。

综合上述企业信用的相关定义，结合本书所设定的研究内容——以民营企业作为研究视角，探析企业信用与融资效率的关系，本书从民营企业融资的角度将企业信用的含义界定为"在不确定条件或信息不对称条件下，社会对企业在融资活动中履行约定能力与意愿的评价与预期"。这里强调企业信用的可评估与可预测性。具体来说：一是企业信用能够代表企业履行还本付息与按计划高效率使用融措资金的能力；二是体现企业履行约定的意愿；三是企业的历史履约记录能够预测企业当前履约意愿与履约能力。

2.1.2　从商业信用到企业信用

笔者认为，在经济学领域中，商业信用的研究和实践早于企业信用，企业信用是在商业信用发展的基础上，扩充了商业信用的内涵和外延，并结合现代化的企业管理理念应运而生。但是二者不仅是包含与被包含，还是取代与被取代的关系，研究商业信用向企业信用的发展过程，有助于深入理解企业信用的内涵。马克思早在19世纪就对商业信用做出定义，他认为商业信用是资本家在生产过程中相互提供的信用①。类似的观点又如鲁

---

① 马克思，恩格斯. 马克思恩格斯全集（第二十五卷）［M］. 北京：人民出版社，2001.

道夫·希法廷，其认为商业信用是资本家之间相互提供的一种商品①。他们均强调商业信用的流通职能。现代西方经济学的主流观点认为，商业信用是在经济主体间因交易而产生的短期的资金融通方式②。国内学者赵宽海等③、江其务④等将商业信用理解为企业以延期交割货款的方式，让渡信用资本给企业的利益相关者，是建立在企业间，以商品交易为基础的直接信用形式，商业信用的多少取决于企业的商业资本量，进而影响企业资本循环和再生产过程的持续进行。

对商业信用与企业融资相关性的研究始于西方经济学的信贷配给理论。梅尔泽（Meltzer，1960）⑤首次提出了信贷配给问题，他指出，信贷配给的产生源自于金融市场的内在缺陷，它使大企业获得了小企业无法比拟的相对优势和利益。斯蒂格利茨和韦斯（Stiglitz & Weiss，1981）⑥从信息不对称的研究视角，全面地分析了企业与金融机构之间的逆向选择和道德风险问题，他们认为，金融机构的贷款发放不仅受到贷款利率的影响，还受多种因素的综合影响。即使在完全竞争市场中，也存在信贷配给现象：部分资金需求方即使愿意支付更高的贷款成本，即贷款利息，仍然存在被"挤出"金融机构信贷市场的可能性。他们分析了大型企业因为具备良好的管理制度、财务管理体系和会计信息披露机制（可以看作是无形的信用资产），同时具有充足的有形资产作为贷款抵押和担保物（可以看作是有形的信用保障），这就大大降低了信贷市场中的信息不对称程度，减少了企业与金融机构之间的逆向选择和道德风险问题，因此，更容易获得金融机构贷款支持。与此相比，中小微企业的类似信用机制（无形信用资

①　鲁道夫·希法廷. 金融资本——资本主义最新发展的研究［M］. 北京：商务印书馆，1997.

②　《新帕尔格雷夫货币金融大辞典》（第三卷），第 672 页。

③　赵海宽等. 社会主义信用［M］. 北京：中国金融出版社，1989.

④　江其务. 制度变迁与金融发展［M］. 杭州：浙江大学出版社，2003.

⑤　Meltzer A. H. Mercantle Credit, Monetary Policy, and Size of Firms［J］. The Review of Economic and Statistics, 1960（42）: 429-437.

⑥　Stiglitz J. E., Weiss A. Credit Rationing in Markets with Imperfect Information［J］. American Economic Review, 1981, 71（3）: 393-410.

产和有形信用保障）并不健全，会被"挤出"金融机构信贷市场，因而转向以商业信用形式寻求资金支持。在此基础上，彼得森和拉詹（1994）[①]的研究指出，能够较容易获得金融机构信贷支持的大型企业，更倾向于以商业信用的形式将部分融资转移至中小微企业。这个结论与张杰等[②]的研究结论类似，张杰等认为中国的商业银行体系存在较为严重的"所有制歧视"，但是，因为银行信贷与商业信用之间的替代效应，使国有企业获得的商业银行贷款可以部分转移至民营企业。丹尼尔森和斯科特（Danielson & Scott, 2000）[③]也证明了企业获得的金融机构信贷规模与其使用的商业信用规模存在正相关性。

作为信贷配给理论的延续和发展，"融资动机理论"和"融资比较优势理论"继续论述了商业信用与企业融资之间的关系。这两个理论认为，商业信用是信贷配给过程发展的产物（直接信用），能为企业提供比较优势，因而成为金融机构信用（间接信用）的替代形式。它是在资本市场不成熟的条件下，商品的买方以较低的成本从卖方处获得的融资。费里斯（Ferris, 1981）的研究证明，商业信用可以降低买卖双方的交易成本，也促使买方向卖方寻求商业信用融资，进而替代向银行贷款的高成本融资模式。类似的观点如施瓦茨（Schwartz）[④]、埃梅里（Emery）[⑤]等，他们也认为，商业信用能有效降低买卖双方的交易费用，双方因为信息不对称现象，而需要付出的资信调查费用、信息收集费用等的总和要小于间接融资

① Petersen M. A. , Rajan R. G. The Benefits of Lending Relationships: Evidence from Small Business Data [J]. The Journal of Finance, 1994, 49 (1): 3-37.

② 张杰, 刘元春, 翟福昕, 芦哲. 银行歧视、商业信用与企业发展 [J]. 世界经济, 2013 (9): 94-126.

③ Danielson M. G. , Scott J. A. Additional Evidence on the Use of Trade Credit by Small Firms: The Role of Trade Credit Discounts [R]. Social Science Electronic Publishing, 2000.

④ Schwartz, Whitcomb. The Trade Credit Decision, In Handbook of Financial Economics [M]. Amesterdam: North Hollland, 2007.

⑤ Emery G. W. A Pure Financial Explanation for Trade Credit [J]. Journal of Financial and Quantitative Analysis, 1984, 19 (3): 271-285.

所支付的间接费用①。

综上所述，随着经济的发展，市场环境日趋复杂，商业信用也逐渐开始向更深更广的范畴发展。笔者认为，一方面，企业信用是在商业信用发展的基础上逐渐产生的，它结合现代化的企业经营和管理理念，拓展了商业信用的内涵。企业信用不仅只是企业的一种特定交易方式（预先或延迟交割货物款项），也不再仅是企业的一种短期融资方式，而是企业"履行约定能力与意愿的评价与预期"。履行约定的含义不仅包括预先或延迟交割货物款项，还包括企业对员工、对股东的履约等（企业内部的信用制度），以及企业对金融信贷的履约、对上下游企业的履约，甚至对市场和社会的履约等（企业外部的信用制度）。另一方面，虽然企业信用与商业信用存在本质差异，但是二者相互关联的特性也是客观存在的，对商业信用和企业融资相关关系的研究成果进行综述，对研究企业信用与企业融资问题具有一定的理论借鉴意义。

2.1.3　民营企业信用

"民营企业"这个词可以说是发源于我国的，国外因为经济体制的原因很少将国内企业划分为国营企业与民营企业，而是更多划分为中小型企业和大型企业等。"民营企业"一词是我国社会主义市场经济体制改革中对非国有企业的总称，我国法律中并没有给"民营企业"一个明确的概念界定。因此，本书也不对民营企业的概念进行深究，主要是厘清民营企业在本书中具体是指什么类型的企业。

从当前对民营企业的界定来看，主要可以分为广义范围界定和狭义范围划分。广义上的民营企业概念比较大，仅要求与国有独资企业相对，可以包括国有持股和控股企业。从狭隘的角度看，民营企业必须是纯粹的民间资本

---

① Ferris J. S. A Transactions Theory of Trade Credit Use ［J］. Quarterly Journal of Economics, 1981, 96（2）: 243-270.

和民间经营，在所有制和经营管理两个方面与国营企业进行严格区分，即民营企业只包括私营企业和以私营为主的联营企业。广义上的民营企业包含国有持股与控股企业，其在很多方面享受与国有企业相同的政策，信用水平也因加入了国有成分而比普通的私营企业和民间企业更高，因此融资并不会遇到较大的困难。本书所研究的民营企业是从狭义角度出发的，主要指私营企业、个体企业和非国有控股的联合企业。集体企业也是一个与国有企业相对应的区分，尽管集体企业并非国家所有和经营，但是一般集体企业都被地方政府所控制，享受地方优惠政策，其融资过程一般比较顺利，因此，集体企业在本书研究中并不将其归为民营企业。其实本书将民营企业狭隘地定义为私营企业。此外，在本书研究过程中，并未对相关企业进行信用评级，而是直接借用权威评级机构的评级结果来代表企业信用水平的高低，故本书在实证研究过程中选取的都是有债券评级记录的私营企业。

现阶段，不少国内学者针对民营企业融资难的问题，提出了一些政策建议，如建立民营银行或中小企业银行专注于民营企业和中小企业贷款；由政府牵头建立民营企业担保基金；引导传统商业银行转变为信贷结构，对民营企业实施贷款倾斜等。笔者认为，这些都无法从根本上解决民营企业融资难的问题，民营企业融资难的问题归根结底是企业信用管理的问题。现阶段，国内民营企业的信用问题较为突出，如恶意拖欠贷款、偷税漏税、抽逃资金、产品和服务质量较差，甚至恶意欺诈等行为时有发生（具体将在本书第3章进行论述），对民营企业的发展带来重大负面影响，而影响最严重的方面是民营企业的融资活动。企业的融资行为是一种以资本为媒介的信用交易活动，企业融资活动（包括内源融资和外源融资）以企业信用为基础，企业信用水平的高低直接决定了企业融资的难易。在企业的融资活动中，由于存在较为严重的信息不对称、外部性和自我履约约束等问题，进而会导致信贷需求方的道德风险，因此，其履约能力和意愿的高低，即企业信用水平的高低就成为交易继续的关键之一；另一个保障交易继续的关键因素是信贷供给方对需求方资信状况的调查、分析、鉴别的能力。由此可见，在没有政府信贷倾斜或支持的条件下，民营企业融资的关键影响因素是企业信用，从这个角度也可以验证我国民营企业当前的融资困境。

综上所述，完善企业信用体系建设、建立健全民营企业内部的信用管理机制，不仅可以有效解决民营企业生产经营过程中的融资问题，还可以带动民企投资、经营、销售、人事等多方面管理程序的科学化、系统化和规范化发展。同时，企业信用还有助于民营企业与其外部的利益相关者建立良好的合作共赢关系，获取市场竞争力，进而促进社会信用体系的建立健全。

2.1.4　企业信用评级

企业信用的好坏、高低，并不是不可衡量的，这是本书研究企业信用与企业融资效率之间关系的前提条件，否则无法保证研究结果的可靠性。企业信用评级是指第三方信用评级机构，依据科学的信用调查、数据采集和分析方法，对企业的履约能力和意愿进行全面评估，其结果代表企业的信用水平。信用的评估，最早可追溯到当前国际权威投资信用评估机构穆迪公司创始人约翰·穆迪在 1902 年对当时发行的铁路债券的评级。1909年，约翰·穆迪在《铁路投资分析》一书中第一次对铁路债券进行信用评估，开了信用评估的先河。随着经济的发展，金融在经济中的地位日益凸显，企业信用评估在投资者决策中越来越重要，尤其是在西方经济体遭遇两次严重的经济危机后，信用风险逐渐成为投资者和相关学者关注的热点。关建中（2015）在其著作《西方信用评级思想研究》中对西方评级思想进行了梳理和分析，认为信用评级在长时间的发展之后已经拥有了一套科学的、比较可靠的评级理论和方法，能全面地反映企业的信用信息，并强调了评级思想对于信用评级结果的重要影响作用。[①] 经过百年的发展，企业信用评级作为一个系统而复杂的工程，虽然其评级指标和评级方法在不同国家与不同机构之间尚未统一，但不可否认的是，企业信用评级在西方已经发展成为了一个涵盖各个产业、各个层面的成熟体系，企业信用评

---

① 关建中 . 西方信用评级思想研究［M］. 北京：人民日报出版社，2015.

级结果能够在很大程度上代表企业的信用水平。

尽管我国对于企业的信用评级起步较晚，但是有西方发达国家的成熟经验可以借鉴，并且，随着市场化改革的深入，我国已经初步建立了适合我国国情的企业评级体系。企业征信是企业信用评级的基础，截至 2017 年 2 月 18 日，国内最大的征信机构——"11315"全国企业征信系统拥有将近 7000 万企业的信用数据资源，该征信系统专门针对国内企业实施资信信息征集活动，分别从信贷信息、监管信息、市场反馈信息、行业评价信息、媒体评论信息、财务与运营信息六大维度建立企业信用档案。具体维度和指标如表 2.1 所示。

表 2.1　"11315"全国企业征信系统企业信用档案维度与指标体系

征信维度	指标体系
信贷信息	商业银行信贷评价；央行信贷评价；民间信贷评价等
监管信息	企业资质；行政许可；质量检测；行政奖惩；专利信息；法院裁判；税务信息等
市场反馈信息	合作企业评价信息；交易方评价信息；消费者评价信息；内部职工评价信息等
行业评价信息	行业协会评价信息；公共团体和机构评价信息等
媒体评论信息	电视、报纸、杂志、广播等传统媒介评价信息；网络等新型媒介评价内容等
财务与运营信息	企业财务和会计信息、企业管理评析评估信息、审计信息等

资料来源：11315 全国企业征信系统，http://www.11315.com。

由表 2.1 可以发现，现阶段国内的企业征信系统的指标体系包含了企业生产经营的诸多方面，其征信结果可以较为全面地反映企业的信用状况，显示企业的信用水平。同时，政府也逐渐开始对一大批征信公司和信用评估公司进行资质考核，并认可了一批具有一定信用评价实力的公司，其出具的信用评级结果也能较真实地反映企业的资信水平，得到了市场的认可。因此，本书在研究企业信用时，也以企业的信用评级水平来表征企业的信用水平。

2.2　企业融资效率相关研究范畴界定

2.2.1　企业融资

融资，即资金融通。现代语境下融资的广义概念包含两层含义，资金融入与资金融出，是一个发生在投资者与融资者之间的货币借贷交易行为。约翰·伊特韦尔等在《新帕尔格雷夫经济学大辞典》中，将融资界定为以货币交易手段支付的、超过现金以外的购货款，或者是为了取得所需的资本而采用的筹集资金的特殊货币手段①。可见，融资是围绕货币进行的。我国社会主义市场经济建设初期，马洪（1993）在探讨"什么是社会主义市场经济"过程中较早地对融资概念进行了界定，他认为，融资是资本市场中的主要活动之一，是交易双方以信用为基础，以货币为媒介，完成的资金集中、分配和利用行为②。方晓霞（1999）从广义和狭义的视角界定了企业融资的范畴，狭义的融资专指资金的融入过程，而不考虑融入资金的使用情况。而广义的融资包括资金的来源、融入和资金的使用过程等③。我国后续学者在进行融资及融资效率的研究过程中，多采用融资的广义概念，如陈洪波（2003）、④ 沈友华（2009）、⑤ 胡鸿雁（2015）⑥ 等。魏开文（2001）在研究中小企业融资效率过程中，将影响中小企业融资效

　① 约翰·伊特韦尔等. 新帕尔格雷夫经济学大辞典 [M]. 北京：经济科学出版社，1996.
　② 马洪. 什么是社会主义市场经济 [M]. 北京：中国发展出版社，1993.
　③ 方晓霞. 中国企业融资：制度变迁与行为分析 [M]. 北京：北京大学出版社，1999.
　④ 陈洪波. 控制权实现度与企业融资效率 [J]. 上海经济研究，2003（11）：34-39.
　⑤ 沈友华. 我国企业融资效率及影响因素研究——基于国有企业和民营企业融资的比较分析 [D]. 江西财经大学博士学位论文，2009.
　⑥ 胡鸿雁. 物流金融下的融资与生产运作研究 [D]. 北京交通大学博士学位论文，2015.

率的因素归纳为：融资成本、资金利用率、规范度、主体自由度等五点。魏开文（2001）采用了广义的融资概念，将资金使用纳入到融资过程中进行研究①。

综合相关学者对于融资概念的界定，可以看出多数学者倾向于将融资理解为资金融入与融出的活动过程。同时，在资金融入与融出的过程中（亦可理解为货币交易的过程中），会随之产生货币的借贷行为和使用行为。货币的借贷行为是建立在信用的基础之上的，因此，本书将融资的概念界定为"建立在信用基础上的货币借贷和使用活动"。

与融资概念相比，企业融资明确了融资活动中的借方和资金使用主体为企业。现代企业在日常经营活动中经常会面临资金不足的情况，为了弥补资金的不足，企业会通过协议、质押等手段向资金盈余的个人或者机构筹集资金，也就是资金融入过程，并按照约定高效地使用资金，即资金的融出过程。资金融入与融出是企业融资的一个完整过程，在这一过程中投资人相信企业能够合理使用资金，并且能够按照协议约定支付高于本金的收益，这是企业融资活动能够实现的基本前提，因此，企业融资是建立在信用的基础之上的。鉴于此，本书将企业融资定义为"建立在信用基础上，企业承诺按约定还本付息，从投资人或者机构筹集资金并合理使用的过程，其具有信用性、有偿使用、期限性、风险性等特点"。

2.2.2 融资效率

国外对于企业融资问题的研究开始于20世纪五六十年代，研究主要集中在企业融资结构与融资顺序选择上，对于融资效率鲜有提及。美国著名经济学家莫迪利亚尼和米勒（Modiglian，Miller）在1958年提出了企业的股利、利息和资本所得课税平等的关于企业融资的MM定理，该定理基于完全竞争市场和完全信息（交易信息对称）假设，开了企业融资问题研究

---

① 魏开文，中小企业融资效率模糊分析 [J]. 金融研究，2001（6）：69-76.

的先河，但是其结论对企业融资现实指导意义不大，也没有提及融资效率的概念，甚至其结论表明企业研究融资效率是没有必要的。詹森（Jensen M.）和麦克林（Meckling W.）在产权理论、代理理论的基础上，基于信息不对称的前提，提出了代理成本理论，认为企业融资活动由于信息不对称存在和所有权与使用权的分离会产生道德风险，即代理成本，损害投资人的利益①。1984 年，梅耶斯基于信息不对称条件，对唐纳森（1978）提出的"优序融资"理论进行了发展，提出了一种新的融资理论——"优序融资理论"，指出企业内源融资与外源融资之间存在差异，企业应该按照内源融资到外源融资的顺序进行融资，并对外源融资的先后顺序也做了具体分析，该理论指出，企业的融资应当选择最优融资顺序条件下的融资结构，认为不同的融资顺序会导致融资效率的不同，但是并未明确提及企业融资效率的概念。

国内早期融资效率研究者曾康霖（1993）在文章《怎样看待直接融资和间接融资》中较早地提出了"融资效率"一词，并分析了企业融资效率和融资成本的七个影响因素，但是并未对融资效率进行概念界定，文章还较为详细地分析了发展股权融资这一直接融资形式的意义。② 宋文兵（1998）从筹资效率和资金利用率角度界定了融资效率的概念——成本与收益的均衡关系，同时他还指出，融资效率包含资金的交易效率和利用效率（配置效率）。其中，交易效率指在资金融入或融出过程中的成本最小化，利用效率则是指企业将资本进行生产性配置的能力。③ 卢福财（2001）认为，企业融资效率可以划分为资金融入效率和资金融出效率，同时，他从储蓄向投资的转换角度，分析了融资效率的内涵，并构建了动态的融资效率分析系统。④ 刘海虹（2000）从资金的趋利性角度出发，同样将融资效率分为筹资效率和配置效率两个部分，认为企业融资过程的实质是以资

---

①　Jensen M., Meckling W. Theory of the Firm: Managerial Behavior, Agency Costs, and Ownership Structure [J]. Journal of Financial Economics, 1976 (3): 305-360.

②　曾康霖. 怎样看待直接融资和间接融资 [J]. 金融研究, 1993 (10): 7-11.

③　宋文兵. 关于融资方式需要澄清的几个问题 [J]. 金融研究, 1998 (1): 35-42.

④　卢福财. 企业融资效率分析 [M]. 北京: 经济管理出版社, 2001.

金供求形式表现出来的资源配置过程，而企业获取资金的能力和资金利用的能力表现为企业的融资效率。[①] 谈毅（2003）采用制度经济学的研究视角，认为融资效率包含两个主要方面：其一是资源配置的能力，其二是资金回报的能力。[②] 沈友华（2009）指出企业融资效率主要包含两个层面的含义，一方面是企业是否以最小的成本完成融资目标；另一方面是企业资金的利用效率。

综合上述文献和成果，本书将企业融资效率定义为"成本与收益视角的筹资效率（融资成本）和企业对于所筹集资金的配置效率（资金利用率）"。鉴于本书的研究内容，本书不考虑投资人在企业融资过程中的成本，将筹资效率简单地表示为"筹资效率=（实际筹资额-筹资成本）/实际筹资额"，或者表示为"筹资效率=1-筹资成本率""筹资成本率=筹资成本/实际筹资额"，这样可以较为清楚地看出筹资成本与筹资效率的负相关关系、筹资效率与实际筹资额的正相关关系。资金利用率为企业对所融资金的使用效率，其中资金投向主要受道德风险的影响，资金获益能力主要受企业的营运能力和财务管理能力的影响，即资金运转能力，信用评价中主要体现为企业的运营能力得分与政府监管得分。从定义上看，企业信用与融资效率的研究可以从两个方面展开，一方面使用融资成本作为中介变量，间接分析企业信用对筹资效率的影响；另一方面根据企业信用运营能力以及政府监管评价得分，选取资金利用率作为中介变量，分析企业信用与融资效率的作用机理。

2.2.3 融资效率与融资成本

融资成本是研究融资效率问题的一个重要中间变量，分析企业信用与融资效率的关系时，有必要对融资成本的概念进行界定。从字面意思上看，融资成本，即融资过程中所发生的成本。结合本书给出的融资定义

---

① 刘海虹. 国有企业融资效率与银行危机相关问题研究 [J]. 财经问题研究，2000（3）：41-45.

② 谈毅. 企业融资制度和创新企业融资效率分析 [J]. 管理科学，2003，16（6）：2-7.

（建立在信用基础上的货币借贷和使用活动），则企业融资成本为企业在进行货币借贷和使用过程中所支付的成本，那么企业在融资活动中支付的成本有哪些？

根据莫迪利亚尼和米勒的 MM 定理，假设在完全竞争市场和信息对称情况下，企业的股利、利息和资本所得课税是平等的，交易成本不存在。他们通过一系列严格的假设，得出企业融资成本只包含企业借贷过程中所应该支付的利息的结论。并且所有参与融资的企业利率水平一致，均无风险，则对于融资效率的研究没有意义，因为在这种假设条件下，所有企业的融资效率是既定的无差别的。MM 定理不切实际的假设条件备受争议，但其提出的信用融资理念和利息、成本、经济主体期望、信息成本等企业融资所考虑的因素对于现代企业融资的发展起到了十分重要的作用。MM 定理虽然因其完全信息等假设条件与企业融资所面临的信息不对称实际相去甚远，但其内容揭示了企业融资成本的可能来源，从以下几点可以看出：①在信息不对称的现实前提下，企业进行信用融资不可避免地会产生代理成本、广告宣传费用等。詹森（Jensen）和麦克林（Meckling W.）（1976）认为无论是股权融资还是债权融资都存在代理成本，企业需要通过严密的契约关系（信用关系），以限制、监督和管理其代理人的行为，以维护企业所有者的合法利益。[①] 巴伯和欧邓（Barber & Odean, 2008）在研究股票异常表现过程中，发现由于股票信息获取的难度不同，投资者关注的焦点往往集中在那些"异常"的公司股票上，所谓的"异常"包括该股票异常的交易额、异常的股票收益、异常的媒体报道等，他们认为个人投资者的投资决策受股票的关注度影响。广告宣传能够提升公司股票的关注程度，从而有效地减弱信息不对称的影响，提高企业融资的资金到位率。[②] ②交易成本，企业外源融资活动，如股权融资和债权融资在实际融

---

① Jensen M. , Meckling W. Theory of the Firm: Managerial Behavior, Agency Costs, and Ownership Structure [J]. Journal of Financial Economics, 1976 (3): 305–360.

② Barber B. M. , T. Odean. All that Glitters: The Effect of Attention and News on the Buying Behavior of Individual and Institutional Investors [J]. The Review of Financial Studies, 2008 (21): 785–818.

资活动中并不能在市场中自由进行，需要进行资信评级和委托第三方进行股票和债券的发行，会产生资信评级费用和代理费用。③MM 定理没有考虑企业的破产风险和契约履行能力，假定企业的股利、利息处于同一水平。但是在现实中，企业的股利和利息并不相同。① 对于投资者而言，风险越高收益越高，即股利和利息越高。相反对于企业而言，风险越高，企业需支付的利息越高，企业的融资成本相应越高。可见在信息不对称下，企业融资成本的影响因素包括利息（风险偏好）、代理费用和代理成本、营销费用、资信评级费用，这四个因素构成了现代企业融资成本的四个基本方面。

综合上述分析，本书认为企业融资成本应该包括为削弱信息不对称所支付的资信评级费用、营销费用，以及在融资活动中企业所需支付的利息和代理费用。企业融资活动包括融入和融出两个方面，融出成本因其与企业信用之间的关联较为模糊，本书关于成本的论述侧重在融入成本。

2.2.4 融资效率与资金利用率

资金利用率是除融资成本以外，影响融资效率的另外一个重要变量。阿尔梅达和沃尔芬森（Almeida H. & Wolfenzon D.）在 2005 年开始对融资效率和资金利用率进行实证研究，他们认为，资金利用率（也可以称为资本配置效率）的决定因素包括企业的外源融资需求和投资者保护两个方面。投资者保护的效率越高，资金利用率越高；外源融资需求的增加，会使资金倾向于向高效率项目配置，资金利用率相应提升。类似的研究还有库尔特（Kurt）和莱文（Levine），他们通过实证分析，论证了股票市场对经济增长和金融发展的具体作用——提升社会资本的利用（配置）效率。

国内对相关问题研究较早的是叶望春（1999），他指出融资效率是一种金融效率，其影响因素包括企业的融资成本、风险偏好和融资便利性。

---

① 陈海强，韩乾，吴锴. 融资约束抑制技术效率提升吗？——基于制造业微观数据的实证研究 [J]. 金融研究，2015（10）：148-162.

同时，他认为，社会资本更容易配置到融资效率高的企业，这也隐含了对资金利用率的解释。2000 年，刘海虹提出，企业融资的过程是社会资本追逐高收益率的过程，这也是一种金融资源的配置过程，影响这种配置效率的因素主要是企业的规模、融资方式和融资渠道，以及融资成本等。陈洪波（2003）从企业的控制权实现度角度研究了企业的资金配置效率问题，并得出了二者正相关的结论。谈毅（2002，2003）也在研究企业融资制度与融资效率过程中指出，企业资金的利用率决定因素是企业的融资制度，而有效融资制度的建立则需要企业长期、大规模地投入资金。对于中小企业而言，并不具备建立有效融资制度的条件，同时他还指出，中小企业可以转而求助于市场化程度较高的融资类型——风险投资，以有效提升资金利用率和融资效率，进而缓解中小型企业融资难的困境。但是谈毅对中小企业融资难问题的研究局限在创新性企业，并不具有普遍意义。董黎明（2008）在研究中指出，融资效率主要分为微观效率和宏观效率两类，其中，微观效率即资金利用率，宏观效率即筹集资金的效率。他从商业银行信贷融资期限着手，指出企业的短期债务资金与其资金利用率负相关，且短期债务的资金利用率明显低于长期债务资金。该观点与传统经济学中的委托—代理理论观点并不一致，因为，委托—代理理论认为短期债务资金的代理成本和资金利用率高于长期债务资金。

总之，一方面，不同的研究者从不同的研究视角，对资金利用率的界定存在差异，但是研究者的共识是，资金利用率与企业的融资效率存在高度相关性，是融资效率的一个重要决定因素。[①] 资金利用率越高，企业的融资效率越高。另一方面，站在企业信用的研究视角看，如果将企业融资成本视为资金进入企业的"门槛"，那么融资成本应当与企业的内部信用管理水平存在较大关联性，即企业自身的素质对融资成本的影响较大。资金利用率主要指企业对所筹资金的利用情况，它与企业资金的投向、企业资金流转的外部环境（市场制度、机制等）、相关利益体的运营效率等多

---

① 程新生，谭有超，刘建梅. 非财务信息、外部融资与投资效率——基于外部制度约束的研究 [J]. 管理世界，2012（7）：137-150.

方面的企业外部因素相关，同时，也与企业内部管理机制和管理水平相关。因此，可以预知企业资金利用率与企业内部和外部的信用管理水平均存在相关性。至此，本书的研究思路已初见雏形：企业信用可以分为两个维度——企业内部信用管理机制和企业外部信用管理机制。同时，文献初步研究表明，企业融资效率的重要影响因素是融资成本和资金利用率。初步判断，融资成本与企业内部信用水平关联较大；资金利用率则与企业内部和外部信用水平均存在关联。

2.2.5　中小企业融资效率

本书的研究对象是国内的民营企业，这个研究范畴在国际理论研究中并不多见，具有很强的中国特色，是我国经济转型期较为特殊的企业类型。但是与本书研究对象具有相似性的是对中小企业融资效率的研究。本部分内容，笔者综述了国内外有关中小企业融资效率最具代表性的一些文献，以期对研究民营企业融资问题提供具体思路和切入点。

卡巴尼路等在研究日本中小企业贷款问题时指出，中小企业贷款比率快速提高与日本债券市场快速发展具有时间上的同步性，原因在于金融市场中融资工具的多元化发展和政府放松金融管制，提升了中小企业的融资效率。[1][2] 帕特里克和沙尔夫斯泰因（Patrick & Scharfstein，1989）在东欧经济转型的背景下，研究了中小企业融资过程中融资与企业资产和债务之间的相关关系，同时，他们指出，转型经济体制更容易催生一种新型的、面向市场和面向企业利润的中小型企业，但是融资约束也成为这些中小企业融资效率提升的主要制约因素。罗马诺（Romano）等在研究家族式中小企业融资效率问题时指出，资本结构对融资效率具有较大影响力，他们指

---

[1] Hoshi T., Kashyap A. K., Scharfstein D. S. Bank Monitoring and Investment: Evidence from the Changing Structure of Japanese Corporate Banking Relationships [M]. National Bureau of Economic Research, 1989.

[2] Hoshi T., Kashyap A. K. Will the U. S. bank Recapitalization Succeed? Eight Lessons from Japan [J]. Journal of Financial Economics, 2008, 97 (3): 398-417.

出，家族式中小企业融资效率的影响因素包括资本结构、企业家（即企业所有者）对债务的态度和责任、企业文化、经营战略和目标等，并据此构建了针对中小企业的资本结构均衡模型，实证分析结果表明，企业经营和管理战略、内部控制机制，以及企业规模会对融资决策产生显著影响，融资决策又对融资效率产生显著影响①。

玛格丽特的研究表明，中小企业直接从资本市场获得金融支持的难度较大，但是它们可以通过"与商业银行等金融机构维持良好关系"而获得金融机构信用贷款支持，尤其是那些与金融机构保持长期合作关系的中小企业，更能从其长期信用融资中获得更多收益。具体途径则包括降低金融产品的管理费用、减少融资成本、提高劳务保障率等，这是提升中小企业融资效率的可行路径。豪沃思和戴维森（Howorth & Davidsson）指出，企业管理层的融资决策决定了企业的融资效率，而融资决策的主要影响因素是融资成本、内部控制权和独立的产权。拉蒂默（Latimer）指出，由于中小企业融资规模小且风险高，直接提升了企业的融资成本（以提升金融机构放贷成本为代价，往往受到金融机构的排挤），因此，中小企业从融资中获取高额利润回报的可能性降低，融资效率下降。大卫（David G.）进一步的研究表明，企业的财务经营状况、投资报酬率、管理者素质、核心竞争力和行业退出机制等因素都对企业资金获取难度和融资效率产生影响②。

国内研究中小企业融资效率问题的学者也有很多。高友才（2003）通过实证分析得出融资效率的影响因素包括资金供给、企业的融资结构、机制和治理结构、融资工具、市场的融资体制等的结论。同时，他指出，国内企业融资效率低下的原因不仅在于以上原因，更在于国内缺少相关的制度性安排，因此，他认为提高企业融资效率的根本在于制度建设和创新。魏开文（2001）指出，民营企业融资效率的影响因素主要有融资成本、资金利用率、主体市场化程度、体制规范、偿还能力等。他对民营企业的内部融资效率、债权融资效率，以及股权融资效率进行对比研究，结果表明内部融资

①　罗丹阳，殷兴山. 民营中小企业非正规融资研究［J］. 金融研究，2006（4）：142-150.
②　李斌，江伟. 金融发展、融资约束与企业成长［J］. 南开经济研究，2006（3）：68-78.

效率最高，股权融资效率最低。与魏开文的研究类似，王平、程守红和胡慧娟等也对融资效率的影响因素进行了研究，他们认为资金利用率、融资成本、主体规范（企业和市场）、经济自由化程度、企业偿还能力、资金到位率、公司治理结构、市场环境等是主要影响因素。叶栋梁（2008）综述了国内外融资效率的研究成果，从交易效率、主体效率和配置效率三个视角对融资效率进行了重新界定，指出交易成本是影响这三类效率的关键指标，交易成本具体包括企业特征、融资方式、内部管理结构、市场制度有效性、企业所处的市场环境、宏观经济环境等。李富国等（2005）认为，企业融资效率受到金融市场结构、金融抑制和利率市场化程度的影响，这两个因素的影响对民营经济尤其明显，并以金融缺口的形式表现出来。

戴发文（2003）对企业信用、金融抑制与企业融资效率的关系进行了理论解析，认为金融抑制会降低企业融资效率，企业信用对融资效率有正向促进作用，并提出，建立健全信用担保体系能够有效提升企业融资效率。但是戴发文的研究只从理论角度对企业信用和融资效率的关系进行了分析，缺少实证数据支撑。

尽管学者们研究的切入点和视角不同，但是综合他们的研究可以发现，影响中小企业（民营企业）融资效率的关键因素是融资成本和资金利用率，同时，企业内部管理的效率、企业赖以生存的外部环境也是影响融资效率的因素①。

公言磊（2016）以上市公司为例，研究了制度因素对融资效率的影响，他建议要健全多层次资本市场结构，加快资本市场的市场化改革。同时，他也认为，公司的现代化治理结构是融资效率的关键保障，他研究的公司治理结构包括董事会监事会的职能、股权激励机制、管理者约束机制等。倪广顺（2009）等从企业内部治理、债权融资和股权融资三种企业政策入手，研究了上市公司融资效率的影响因素，并建立了效率评价体系。陈榕等（2008）的研究指出，影响上市公司权益融资效率的关键因素是公

---

① 巴曙松，牛播坤. 新常态背景下降低融资成本的策略研究 [J]. 经济纵横，2015（1）：82-86.

司内部治理结构——董事会的独立性，独立性越高的企业，其权益融资成本越低，融资效率越高。

综合国内外有关中小企业融资效率的文献，可以看出，中小企业融资效率的影响因素来自于企业内部和外部两个方面，内部影响因素主要源自企业自身，尤其对于大多数民营企业（或中小企业）而言，由于企业的规模小，财务制度、信用管理体系等不健全，导致其履约能力和意愿不强，在取得资金后，对资金的利用效率又相对较低；外部影响因素主要源自企业生存和发展的市场环境，如传统商业银行的信贷配给问题、资本市场进入门槛较高、社会融资渠道不够丰富和充分、企业信用担保体系不健全等，这些因素都会直接影响中小企业的融资成本，进而影响融资效率。

2.3　企业信用与融资效率相关理论综述

国内外研究企业信用与融资效率相互关系的文献并不多见，从能收集到的文献资料看，国外文献对于企业融资效率的研究集中在融资结构优化、融资方式选择等方面，即如何通过不同融资方式组合实现融资成本最小化和价值最大化；对于企业信用的研究侧重于信用评级上。笔者对这两类文献进行了综合研究分析，期望找到其中隐含的企业信用与企业融资效率之间的内在关联。

2.3.1　企业信用、融资结构与融资效率

莫迪利亚尼和米勒在 1958 年提出了著名的 "MM 定理"（主要分为定理1、定理 2、定理 3 三个定理），奠定了现代企业融资的理论基础。他们对于企业融资问题的研究以企业融资结构为切入点。综合来看，定理重点依然与传统融资理论类似，从企业的市场价值和企业负债出发，结果表明企业采用

不同融资方式都能达到预定的融资目标，其不同方式之间不存在差异。"MM
定理"的提出基于以下几个假设条件：不考虑企业所得税和个人所得税；在
融资活动中，企业不需要支付利息之外的费用，且个人无须支付相关费用；
通过利息率来衡量企业经营风险，相同经营风险的企业融资风险相同；市场
经济相当完善，不存在信息不对称现象；所有债券、股票均无风险，企业融
资利率一致，投资者预期收益率相同。从假设条件看，"MM 定理"是理想
状态的融资理论，其假设条件排除了企业信用问题对于企业融资的影响，尤
其是后四个假设条件是研究企业信用问题不可回避和忽视的关键。

1963 年，鉴于对企业所得税的考虑，莫迪利亚尼和米勒对最初的
"MM 定理"进行了修正，认为企业负债越多，企业节税的收益越大，当
企业负债率达到 100% 时，企业能够实现最大负债收益。1976 年，米勒对
于存在税收的情况进行了再次研究，认为税收和收益之间能够相互抵消，
使"MM 定理"再次回到了企业融资的无税收环境。

"MM 定理"一经提出，就在西方学术界引起了很大反响，为企业融
资理论的发展做出了重大贡献。但是因其假设条件过分苛刻，且与现实差
距较大而饱受质疑。张昌彩（1999）认为，尽管"MM 定理"存在不切实
际的假设，但它为研究企业融资问题提供了理论框架和研究起点①。1966
年，罗比切克和梅耶斯针对莫迪利亚尼和米勒的企业负债理念提出了不同
看法，提出了融资的权衡理论。他们认为，企业在负债过程中，需要权衡
因负债而合理避税的所得收益与相应的破产风险之间的比例，两人在《最
优资本结构理论问题》（1966）一文中认可了莫迪利亚尼和米勒提出的企
业负债增加可以增加企业市场价值的观点，但是也指出，企业负债增加的
同时，破产风险也会随之增加。20 世纪 70 年代，相关学者对"权衡理论"
进行了较为深入的研究，如詹森和麦克林（1976）用模型具体分析了代理
成本与企业负债之间的关系。

20 世纪 80 年代，梅耶斯首次将不完全信息假设引入融资理论研究中，并

---

① 张昌彩. 中国融资方式研究［M］. 北京：中国财政经济出版社，1999.

提出了优序融资理论。侧重于研究企业融资方式的顺序选择。基于信息不对称的假设条件，梅耶斯认为企业最优选择首先是内部融资，其次是外部融资中的债权融资，最后是股权融资。1984 年，梅耶斯和麦基里夫具体阐述了企业偏好内部融资的原因，并建立了梅耶斯—麦基里夫模型，比较了债权融资和股权融资对企业市场价值的影响程度，得出债权融资优于股权融资的结论。由于本书的研究重点是企业信用与企业融资效率之间的关系，研究过程中选取的企业样本，其融资方式选择一致，因此，对于融资次序问题不做过多阐述。

2.3.2　企业信用、代理成本与融资效率

代理成本理论进一步对企业增加债权融资和股权融资所带来的额外成本等相关问题进行了阐释。詹森和麦克林（1976）指出，代理成本始终存在于企业融资过程中，他们对比分析了债权融资和股权融资对企业市场价值的影响，探讨了代理成本的内容以及明晰了由谁承担代理成本的问题。他们指出，代理成本是企业监督和约束利益相关者而付出的代价，以及成本大于收益时对企业带来的剩余损失[①]。代理成本的产生主要因为企业经营权与所有权的分离，包括合约成本、委托监督费用、代理人决策偏差所造成的损失等，以及股东（企业所有者）与经理人（企业管理者）追求目标的不同，一个是力求保证资金安全，并获得稳定回报，一个是追求管理业绩和实现自身利益最大化。

库珀和卡罗林[②]（Cooper W. & Carolyn，1988）通过综合考察 2994 位企业家的相关企业管理决策发现，企业家普遍存在过度自信的现象。摩尔和基姆（Moore & Kim，2003）通过实证研究发现经理人过度自信会低估决策风险，并过高估计回报，偏向于选择风险较大、投资回报较高的投资决策和管理策略。风险是资产所有人不愿面对的，当风险不可避免时，股

---

① 詹森，麦克林. 企业理论：管理行为、代理成本和所有权结构 [J]. 财务经济学刊，1976，Ⅲ（4）.

② Cooper Woo, Carolyn. Entrepreneurs Perceived Chances for Success [J]. Journal of Business Venturing, 1988, 3 (2): 97-108.

东希望尽可能降低风险，而经营者则希望获得最大收益，这就需要企业所有者权衡风险与收益后对经理人的决策行为做必要约束，并制定相应的制度与契约，以保证经理人能够控制风险，这个过程需要支付对经理人的监督费用以及因签订契约而产生的额外费用。

2.3.3　企业信用、交易费用与融资效率

交易费用这一概念最早由科斯提出，1937 年科斯在《企业性质》一文中指出，价格系统运作过程不可避免地会产生成本，也就是交易费用。交易费用概念的出现，推动了新制度经济学的发展，将西方经济学研究带入一个新的领域，但是科斯并未指出交易费用具体包含的内容。交易费用理论的另一个代表人物是威廉姆森（1985），他借鉴前人的研究界定了交易费用概念及交易费用形式和分析方法等。威廉姆森认为，交易费用产生的直接原因是交易双方之间的信息不对称，并将其细分为事前和事后两个阶段的信息不对称，相应地将交易费用分为消除信息不对称所产生的影响而必须支付的"事前交易费用"和"事后交易费用"两个部分。其中事前交易费用是指契约形成时产生的费用，包括合约制定、合约谈判和保障合约执行所需费用；事后交易费用，包括实际交易与合约出现偏差的应对费用、交易双方纠正偏差时的机会成本、纠正偏差过程中可能遇到的构建新制度的费用、合约执行的监督管理费用等。

威廉姆森认为，完备的合约以及无偏差的合约执行在"经济人"假设条件下是不存在的，经济人奉行的是利己主义，其理性是有限的，在实现自身利益最大化的同时不可避免地会在合约践行上出现问题，而这些问题的出现往往带有机会主义特征，且具有随机发生、不可预测的特点。机会主义与信息不完全、不对称有关，完全信息会使交易双方很难出现机会主义和欺诈行为。[①] 在信息经济学中，机会主义行为就是道德风险和逆向选

---

① 姜付秀，石贝贝，马云飙. 信息发布者的财务经历与企业融资约束 [J]. 经济研究，2016 (6)：83~97.

择，是形成合约风险的主要原因，因此如何采用有效手段遏制、防范和化解道德风险与逆向选择具有现实经济意义，而这些措施是为完成交易的额外支出，算作交易活动的成本。

由此，企业融资理论从 MM 定理的完全信息、无交易费用假定发展到在信息不对称条件下，产生交易费用，集中体现在代理成本理论（詹森和麦克林）以及契约理论（史密斯和华纳，汤生，戴蒙德以及加里和赫尔维格等）、信号传递理论（斯宾塞等）。代理成本理论中发生的是使用权交易，如上述分析，交易活动中实际资产所有者需要支付额外费用以防范经理人的道德风险和逆向选择，代理成本在这里与交易费用内涵基本一致。契约理论是代理成本理论的延伸，其侧重于契约设计和契约最优化条件的研究，并未改变代理成本的概念以及内涵，可以和代理成本理论归为一个理论。① 1974 年斯宾塞在《经济理论学刊》上发表了题为"竞争和对信号的反应：一种关于有效性和分布的分析"的文章，文章分析了在信息不对称环境中，企业如何消除信息不对称的影响，如何通过有效的方式公布企业信息，让投资者了解企业的市场价值，影响投资者的投资决策。斯宾塞认为，在信息不对称条件下，投资者并不知道企业经营状况以及融资行为，企业需要进行一系列的信息运作让投资者对企业基本情况做必要的了解，企业所公布的信息是影响投资者对于企业证券心理估价的重要因素。利兰（Leland Hayne，1977）和派尔（David Pyly，1977）认为，信息不对称阻碍企业融资的进行，为了达成融资目标，投资者和融资者之间需要进行必要的信息交流，主要体现在企业公开相关信息，投资者获取信息并合理使用做出投资决策上。如巴伯和欧邓（1987）在分析股权融资时，发现投资者在选择股票时会优先购买能够引起他们注意的股票，因此，企业需要对融资标的做适当的宣传。企业融资是货币交易活动，信号传递理论侧重分析企业发布相关融资信息的行为，而发布信息所带来的相关支出属于交易费用。

---

① 吕劲松. 关于中小企业融资难、融资贵问题的思考 [J]. 金融研究，2015（11）：115-123.

班纳吉等（1994）针对中小金融机构提出两个假说，一个是共同监督假说，另一个是长期监督假说。两个假说都是基于信息不对称条件提出的，在信息不对称环境中，中小金融机构出于自身利益的考虑应该联合建立中小企业监督组织，推行企业间的自我监督制度，并实现监督合作机制的常态化。该假说认为中小企业信息不对称现象更为突出，信用度较低，需要对中小企业融资实行必要的监督，同时，监督的过程会产生交易费用。

斯蒂格利茨和韦斯（1981）基于信息不对称条件提出了信贷配给理论，认为由于存在信息不对称，企业在融资时会出现道德风险和逆向选择行为，并指出银行在选择投放贷款时倾向于选择具有充足抵押物的大型企业。① 信贷配给理论还指出，由于银行处于信息劣势，只能通过企业给出的信息或者能获得的企业信息来评估贷款风险，若企业信息失真则不完全信息的影响会被放大，银行面临较高风险②。银行在投资选择中，不仅要设定与风险程度相关的利率，还需要估计企业的市场价值，这个过程同样会产生交易费用，而交易费用最终会以利率等方式转移到融资企业。

综合上述融资结构、代理成本理论、交易费用理论的分析，可以发现，一方面，西方学者在研究融资效率问题时，假设条件由完全信息逐渐发展为比较切合实际的不完全信息。同时，他们引入了融资成本，如代理成本理论和交易费用理论。当前，不对称信息假设已经成为了研究企业融资的主流前提环境，本书的研究也是在不完全信息条件下进行的，民营企业在融资活动中处于弱势和成本过高的主要原因是其信息不对称现象更严重。另一方面，在信息不对称假设前提下，西方学者在研究融资效率理论时，往往从融资结构、代理成本、交易费用这三个方面着手，研究其与融资效率的相互作用机理。笔者也发现，融资结构、代理成本和交易费用的范畴与企业信用的研究范畴有重合之处，对这三个要素的研究，不可回避

---

① Stilitz, Weiss. Credit Rationing in Markets with Imperfect Information［J］. Algerian Economies Review，1981（6）：393-410.

② 罗响，吴晓欣. 融资约束、代理问题与投资行为关系的实证分析［J］. 统计与决策，2015（11）：160-163.

本书所定义的企业信用问题，企业信用的变化对这三个要素会产生一定的影响。因而可以估计，企业信用有可能通过融资结构、代理成本和交易费用（尤其是代理成本和交易费用）这三个路径，影响企业融资效率。

2.3.4 企业信用评级与融资效率相关研究

信用评级结果是企业信用水平的符号化体现。希克曼（Hickman）、代芬特尔（Deventer V.）通过研究发现，信用评级能够得出与其他度量企业信用风险的手段比较一致的企业信用评估结果。特里西和凯里（William F. Treacy & Mark Carey，2000）对美国排名前50的商业银行内部信用评级指标体系在面对不同情况时评价结果的准确性和有效性进行了量化研究，并与当时存在的各种评价指标进行对比分析，直观地展现了各种评级体系的优缺点及适用范围。[①] 罗伊和沃尔特（Roy & Walter，2001）的相关分析表明，信用评级机构主要起到信息传递作用和信息证明作用，即通过信用评级记录向投资者提供所需的相关企业信用风险以及违约概率等信息，并为监管主体设定发行条件提供帮助。其信息传递作用能够有效地弱化信息不对称带来的影响，降低投资者投资决策的盲目性和风险。安和陈（An & Chan，2008）认为有信用评级的企业在股权融资活动中股票折价较低，并通过模型检验发现信用等级对于股票折价并没有显著影响，同时也证明了信用评级能够起到降低信息不对称影响的作用。

格鲁纳特和马丁（Jens Grunert & Martin，2005）基于德国四家主要银行的信用档案数据，比较分析了单独采用财务指标或者单独采用非财务指标进行评估的结果与同时采用二者得出结果的准确性，得出财务指标和非财务指标结合使用能够更为全面地反映企业的违约与履约信息，能够更有效地测度企业的信用水平的结论。安德森和曼西（Anderson E. & Mansi S.，2009）在研究消费者满意度和企业信用的关系时发现，消费者满意度与企

---

① William F. Treacy，Mark Carey. Credit Risk Rating Systems at Large US Banks ［J］. Journal of Banking & Finance，2000（1）：167-201.

业信用正相关，与企业融资成本负相关，即消费者满意度越高的企业相应的信用评级水平也越高，融资成本则较低。希尔舍和威尔逊（Hilscher & Wilson，2013）对企业信用评级的有效性进行了研究，认为信用评级体系包含了较为全面的企业信息，可以真实反映企业的生产和经营情况，同时，信用评级对企业违约与履约情况进行了记录，测算了企业可能违约的概率，还包含了企业系统风险的相关信息。

以上分析从不同的视角，对不同的信用评价体系、评价指标、信用评价的有效性等进行了研究，证明了信用评价体系对于评价企业信用水平的有效性。这些理论研究也为本书的实证研究提供了理论依据，同时，不难发现，信用评级指标体系中的考核指标，与企业融资效率的影响因素之间存在一定的关联性，这也是本书研究主题的另一佐证。笔者拟通过对信用评级指标地设计，考量企业的信用水平，进而对企业信用级别进行量化，并通过实证分析，验证企业信用与融资效率的相关关系。

2.3.5　民营企业信用与融资效率相关研究

现阶段，国内专门研究民营企业信用与融资效率问题的文献较少，现有的成果集中在对中小企业信用和融资效率等问题的研究上。从本质而言，国内的民营企业与中小企业性质有相似之处，研究中小企业信用和融资问题，对研究民营企业有可借鉴之处。同时，国外关于企业融资的论述集中于融资方式的选择和融资结构的优化层面，且现代企业融资理论多产生于国外，因此，本书在国外文献整理部分侧重于基础融资理论的阐述。相反，国内相关研究多借鉴国外初始相关理论进行基于我国国情的现实问题研究，对中小企业融资问题研究也取得了一定的成果，本书在此小节主要对国内相关研究成果做必要梳理。

宋文兵（1998）在《金融研究》发表了《关于融资方式需要澄清的几个问题》一文，较早地对企业的融资方式进行了理论界定，同时，他还研究了融资方式与融资效率的关系、融资方式与企业监督、融资方式和风险防范四个方面的内容。但是相关论述主要是理论分析，并未继续深入研究。他指出融资本质上是对货币购买力的有偿性让渡，同时这种让渡基于交易双方对未来的承诺。① 使用"承诺"一词说明其认为融资活动是以信用为基础的，强调信用在企业融资中的重要作用。

卢福财（2001）指出企业融资效率分为融入效率、融出效率、法人治理效率和资金利用率，并从这些微观层面对企业融资效率问题进行了较为详细的分析，其中，资金的融入效率主要关注融入资金的成本、收益和风险之间的均衡关系；而融出效率则重点关注基于成本和风险的收益最大化问题；② 资金利用率则是指企业对于融入资金按效率最高原则的资金配置程度。刘淑莲（2000）从融资方式、融资结构以及治理结构入手，对企业融资理论进行了梳理，强调明晰产权的重要意义，并比较分析了美国、日本、德国的企业融资方式、融资结构以及治理结构的异同。同时，她还指出，我国企业融资的外源融资比重较高，相应的间接融资比重较高。企业的股票融资比重大于债券融资比重，而综合企业总体的融资结构看，债权融资的比重却大于股权。③

林毅夫、李永军（2001）认为，我国中小企业融资困难的根本原因是企业信用缺失、企业信息不透明、难以取得授信方的信任，以及银行贷款以及其他社会闲置资金的不认可等。尤其是在直接融资活动中，由于信息披露成本和风险溢价过高，很多中小企业很难实现直接融资，如企业债券形式。同时，他们还提出了建立健全中小企业信用管理制度的可行性建议。④ 戴发文（2003）在《金融抑制、企业信用与企业融资效率分析》一文中分析了金融抑制与企业信用对于经济效率的影响，指出发达市场经济体制国家中的企业往往依赖自身信用进行资金筹集活动。⑤ 首先，企业信

　　① 宋文兵. 关于融资方式需要澄清的几个问题 [J]. 金融研究, 1998 (1).

　　② 卢福财. 企业融资效率分析 [M]. 北京：经济管理出版社, 2001.

　　③ 刘淑莲. 企业融资论 [D]. 东北财经大学博士学位论文, 2000.

　　④ 林毅夫, 李永军. 中小金融机构发展与中小企业融资 [J]. 经济研究, 2001 (1)：10-18+53+93.

　　⑤ 戴发文. 金融抑制、企业信用与企业融资效率分析 [J]. 企业经济, 2003 (3).

用越高，则获取资金越容易，反之则越困难。其次，企业信用状况是指在企业持续经营期间，其工商税务等级情况、履约情况、信贷偿还情况、产品和服务质量情况、经济纠纷和财务状况，以及企业管理者的个人信用状况等。最后，作者强调了企业信用制度建设和信用担保体系的完善对于企业融资的重要意义。

戴小平、陈靖（2006）认为我国中小企业在融资过程中由于信息不对称现象的影响，普遍存在融资难和融资贵问题。一方面，中小企业规模小，财务和管理制度不健全，信息公开程度较低，银行获取中小企业相关信息需要支付较高的成本，且中小企业一般管理水平较低，存在较高的破产风险。因此，在向中小企业投放贷款过程中，商业银行出于获取信息成本以及规避道德风险的考虑，会调高利率水平，从而增加中小企业的融资成本。另一方面，诚信度不足和较低的信用评级水平会增加中小企业的融资成本。因此，投资者在进行投资决策时倾向于相对稳定的大型企业。另外，现有信用评级体系往往是针对全部类型企业所进行的综合性和全面性评价，但是，民营企业和中小企业天然存在弱势：要么无力承担评级费用，无法通过一些渠道进行融资；要么需要支付较高的代理费用和利息获取融资，即融资成本较高。因为融资成本是融资效率的重要影响因素，因此，企业信用水平降低而导致的融资成本上升，最终会降低中小企业的融资效率[①]。

张玉明（2006）认为信息非均衡阻碍了银行对于贷款风险的评估，信息透明度较高的企业相对来说投放贷款的盲目性较低，风险也比较容易控制。他从小企业入手，对信息不对称情况下的银行投资决策以及风险等级、不完全契约与中小企业信用风险进行了分析，提出了解决中小企业融资问题的具体建议，如提高金融市场效率，降低信息不对称程度；融资渠道多元化；建立联合担保机制，风险共担等[②]。何平和金梦（2010）从债券融资入手，并以2007~2009年发债企业为研究对象，通过实证研究分析了企业信用评级对于企业债券的影响。文章借鉴真实利息成本模型（简称

---

① 戴小平，陈靖.我国中小企业融资风险及防范 [J].上海金融学院学报，2006（2）：22-26.

② 张玉明.信息不对称条件下的债务约束机制 [J].经济学家，2006，2（2）：84-89.

TIC 模型）建立了基于中国债券市场特点的模型，实证分析得出信用评级对于企业发行债券的成本有显著的影响力，较高的信用评级能够降低债券发行成本。[1] 林江鹏和石涛（2016）采用主客观结合的加权法和改进的 TOPSIS 模型，建立衡量企业信用缺失程度的方法，对局部地区近 350 家企业的信用进行了评价，并得出企业信用缺失的衡量标准——阈值，同时也对阈值的有效性进行了基本检验。最后得出结论：在阈值范围内，企业的失信程度越低则企业获得融资的能力越高，反之越低[2]。

2.4 研究述评

首先，综合上述对文献的分析，可以看出，国内外极少有学者专门针对企业信用与企业融资效率问题进行专项研究。笔者认为原因主要在于：一方面，国外的企业信用体系建设是随着市场化发展进程和现代企业制度建设而同步建立和发展的，企业信用管理问题已经渗透至企业发展的各个阶段，且发达的市场经济体往往辅以完善的企业信用管理制度和法律体系，企业内外信用制度缺失和失信问题并不明显，因此研究相关问题的学者并不多见。而我国经济正处于计划经济向社会主义市场经济的过渡阶段，随着经济体制改革、国企改革、民营企业快速发展等一系列具有中国特色的经济现实，企业信用管理问题也成为我国经济发展特殊阶段的一个较为特殊的问题。另一方面，随着市场化改革的深入，尤其是近十年来，国内民营经济快速发展，企业信用和企业融资问题逐渐成为制约我国经济改革和发展的重要问题，而现阶段，国内学者对该问题的关注集中在理论层面和政策建议层面，很少有学者从企业信用的内涵和企业融资效率的内

---

① 何平，金梦.信用评级在中国债券市场的影响力［J］.金融研究，2010（4）：19-32.

② 林江鹏，石涛.信用缺失与中小企业融资能力测度——基于改进的 Entropy—TOPSIS 方法检验［J］.汉江论坛，2016，454（4）：13-18.

涵着手，深入探究二者的作用机理和影响路径，这些导致了现阶段国内外相关研究成果匮乏。

其次，通过对企业信用和融资效率相关经典文献的综述和分析，笔者发现，企业信用的范畴和影响因素与企业融资效率的范畴和影响因素存在理论关联性。企业信用水平与企业融资成本、企业资金配置效率（资金利用率）存在相关关系；而成本和资金利用率又是西方经典理论在研究融资效率时重点关注的变量。在企业融资、发展、经营管理过程中，"信用"与"效率"相互作用、不可分割。文献综述佐证了企业信用与企业融资效率之间的作用机理，同时，西方经济学中对企业融资效率影响因素的经典文献，也为本书开展企业信用对融资效率作用机理和影响路径的研究提供了逻辑借鉴和方法借鉴。

最后，我国对于企业融资的研究多以中小企业为对象，并且有关信用与融资效率关系的研究都是基于信息不对称假设。根据研究结果，一般认为中小企业的信息不对称现象更为严重，由于信用管理水平较低的问题，中小企业在融资活动中处于弱势地位，受到来自银行和其他投资机构与个体投资者的歧视，直接融资成本相对较高，并且很难实施。此外，国内也有相关学者对信用评级结果与企业融资成本与资金可获得性进行了研究，研究结果表明信用评级结果与企业融资成本呈负相关关系，而且信用评级结果越好，企业获得投资的能力越强，这也为本书的研究提供了理论和文献支撑。

2.5 本章小结

首先，文献综述部分对论文所涉及的相关术语进行了适合本书内容的范畴界定：第一，在综合信用在伦理学、经济学和法学领域内涵的基础上，将本书的"信用"一词定义为"社会对市场主体的履约能力和履约意愿的评价"。而不是多数金融学论文中的信贷概念。进一步概括得出企业信用的含义为"在不确定条件或信息不对称条件下,社会对企业在融资活动中履行约定能力与意愿的评价与预期"。第二,明确界定了融资效率的范畴。借鉴大多数学者的观点,本书分析企业融资时分为融入和融出两个部分,而融资效率概念沿用宋文兵(1998)、刘海虹(2000)、高学哲(2004)、沈友华(2009)等的成本与收益视角融资效率和企业对于所筹集资金的配置效率(资金利用率)的定义。第三,概括指出企业融资成本所包含的内容为资信评级费用、营销费用,以及在融资活动中企业所需支付的利息和代理费用等。第四,对本书中民营企业所包含的企业类型做简单的界定,采用民营企业的狭义界定,只包括私营企业、非国有控股的联合企业,而将集体所有制企业和国有控股企业排除。

其次,本章对国内外相关理论基础进行了必要阐述。对企业融资理论中比较有代表性的理论进行了简单梳理,包括 MM 定理、代理成本理论、交易费用理论以及信用评级对于企业融资活动影响的相关研究成果。国外研究多集中于融资方式选择与融资结构最优化以及融资顺序的选择和信息不对称上,鲜有理论从成本与收益视角直接对融资效率进行分析,因此并不能为本书所直接引用。但是,融资成本是研究融资效率的重要中间变量,相关理论为分析融资成本的产生以及融资成本包含的内容提供了有益的借鉴,如通过对 MM 定理假设条件的逆向思考,可以看出在信息不对称条件下,企业融资成本应该包括为消除信息不对称影响而支付的费用;代理成本理论和交易费用理论指出企业融资存在的成本,而成本的产生又与信息不对称和企业信用水平相互关联,这些成果为本书将融资成本作为企业信用和融资效率的重要中间变量提供了理论支撑。相关信用评级的研究成果证明了,信用评级结果能够在一定程度上代表企业的信用水平,这是本书利用企业信用评级表示企业信用水平的前提。企业融资理论发源于国外,因此,国外研究综述主要是对经典理论的阐述和理论发展的介绍,并未对其他研究成果进行面面俱到的介绍。

国内研究综述部分,对与本书研究关联程度较高的少数文献进行了简单总结，主要阐述了企业信用或者信用评级与企业融资成本、融资效率的关系，以佐证本书研究最终结果的正确性。由于我国对于企业融资的相关研究起步较晚，且企业信用与企业融资之间的关系的相关研究更晚一点，笔者广泛阅读发现，尽管有大量关于企业融资效率或者企业融资成本以及企业信用缺失的研究，但是研究二者作用机理与影响路径的相关成果较少，这也说明了本书的研究具有较强的理论意义和创新性。

第 3 章

民营企业信用管理现状与意义

3.1 我国企业信用缺失现象分析

中国人自古以来注重诚信、信誉和信用。老子曾说："人无信而不立，业无信必衰，国无信则危。"当今时代，我国正处于经济飞速发展时期，物质条件得到了极大的改善，但是个人以及国家诚信缺失的问题却日益凸显，这与我国精神文明建设的目标是相背离的，也不利于市场经济的发展。信息社会，市场经济的内核是信用，市场经济越是发展对社会信用的要求也越高，失信是市场经济建设潜在的危机。改革开放以来，在我国市场经济建设过程中，企业失信现象屡见不鲜，其造成的影响是恶劣的，不仅不利于涉事企业的发展，甚至影响到了人们的日常生活和国家经济建设。

根据第 2 章对企业信用的定义："在不确定条件或信息不对称条件下，社会对企业在融资活动中履行约定能力与意愿的评价与预期。"企业信用主要体现在其履行约定的能力和意愿方面，因此，企业信用缺失主要表现在以下几个方面：①因资金链问题而出现的货款拖欠现象，主要是还款能力的不足，典型代表是企业的"三角债"问题；②还款意愿不强，如恶意违约、逃废银行贷款等；③产品质量要求不严格，甚至偷工减料、以次充好，为求利益不择手段，表现为制假售假等；④企业对外公布信息存在谎报、瞒报现象；⑤广告宣传存在欺诈，回避某些必要的内容，并过分夸大产品效能；⑥债券违约，合约到期企业未按约定还本付息，侵害投资者利益等。下面就几个方面进行简要阐述：

3.1.1　以国有企业为主的"三角债"问题

20 世纪八九十年代，我国出现了严重的"三角债"问题。尤其是到了90 年代初，占银行信贷资产总额 1/3 的企业"三角债"，形成了牵扯到财政部、商业银行和企业等多个经济部门的复杂款项拖欠网，破坏了市场主体之间的信用体系，致使整个社会的资本循环和周转不畅通，严重影响了我国社会经济的正常运行。"三角债"实质是违约和超期的商业信用，存在于钱、货分离的交易中，各企业和单位之间的债务关系相互牵连、错综复杂，每个企业既是债权人又是债务方，彼此拖欠，形成难以解开的债务锁链。究其原因，主要是企业信用的缺失和价值观念的扭曲，造成社会信贷关系的混乱。

20 世纪八九十年代，由于市场有效需求不足，我国国有企业深受产品积压、流动资金不足的困扰，企业、单位之间相互拖欠货款，"拆东墙，补西墙"的现象成为了相关企业解决问题的经常性手段。由于我国国有企业规模一般较大，因此形成了巨大的债务链，对我国国民经济的正常运行造成了严重阻碍。1991 年，全国"三角债"累计达到了 3000 亿元左右，许多企业因债务问题难以实现资金周转而濒临倒闭。分析这次"三角债"风波的成因，主要有以下几方面：①企业信用缺失、过度自信、盲目建设、不理性投资，使得产品滞销，资金链断裂，无力偿还借款和应该支付给施工单位的货款；②市场经济环境变化，产品积压，库存成本上升，加剧企业之间的拖欠现象；③企业观念跟不上时代变化，产品不适销，而企业的选择是欠债继续生产，从而使拖欠更加严重，进一步加重了"三角债"问题。持续债务拖欠造成的必然后果是企业之间不再有信用，企业难以从相关企业或者金融机构融得生产所需的资金。事实也是如此，"三角债"问题的继续发酵使企业之间的交易几乎到了"钱货两清"的程度,极大地降低了生产和交易效率。

要解决企业复杂的三角债务关系,困难极大,牵一发而动全身。据有关资料显示,1991 年、1992 年两年时间,我国为清理企业"三角债"问题,累计注入清欠资金 555 亿元人民币,清理固定资产项目 4283 个,处理过程细致到企业生产结构与销售的微观层面。

"三角债"问题与宏观经济紧密关联,经济环境不景气,往往会伴随出现企业"三角债"问题。实体经济增速放缓,企业经营困难,资金回笼不畅,就会出现债务违约,形成债款拖欠。2012 年,受国际经济危机和我国经济发展进入"新常态"的双重影响,我国企业生产经营成本上升,净利润下降,导致企业应收账款周转率以及存货周转率与同期相比都有所下降,企业资金占用压力增加。与此同时,银行等金融机构风险意识增强,社会信贷投放不足、企业融资渠道变窄,很多外贸企业出现资金紧张的问题,新的"三角债"苗头出现,并有蔓延的趋势。与 20 世纪 90 年代不同,如今我国民营企业已经初具规模,"三角债"问题不再是仅仅出现在国有企业领域中的一个信用融资问题,同时,其存在向民营企业与金融机构之间蔓延的趋势。

"三角债"问题并不是单纯地向市场注入货币,增加流动性就能解决的,若经济发展状况得不到改善,往往会出现资金空转现象,同时生成新的债务链条。"三角债"的根源是企业失信,防范新的"三角债"问题的出现,还需从完善立法和优化信用环境入手。只有持续地推进企业征信体系建设,出台相关法律法规,树立企业的信用观念,打造良好的守信氛围,才能从根本上解决企业"三角债"问题。

3.1.2　民营企业债券违约现象

近年来,随着国内企业债券市场的发展,债券违约现象也逐步显现。2014 年 3 月,国内首例债券违约事件——"11 超日债"发生。2014 年 3

月 4 日，深圳证券交易所信息披露超日太阳科技股份有限公司于 2012 年 3 月 7 日发行的 2011 年公司债券到期未按合同支付利息，实际支付利息仅 400 万元，与利息总额 8980 万元相去甚远。① 2014 年后，我国信用债进入偿还债务的高峰期。② 企业债券违约事件频繁发生，是对新兴资本市场的重大打击，不利于投资者信心的建立，也对我国信用市场的运行造成了破坏。债券市场在我国建立起来的时间并不长，但是，从债券市场的总体规模看，却是仅次于美国和日本的世界第三大债券市场，公司信用类总托管额在 2016 年达到了世界第二。债券市场是以信用为前提的，信用违约虽然难以避免，但是违约比例超过了债券市场能够承受的程度，容易导致筹资者与投资者之间的互信基础崩塌，债券市场也将难以运行。

2016 年，我国着力进行经济发展结构改革，一系列去产能措施使一些传统行业、国有大型企业，如煤炭、钢铁等产能过剩行业频频出现信用违约，债券违约案例不再仅存在于偿债能力较弱的中小微企业，而是蔓延至规模较大的国有企业和中央企业。受违约事件影响，债券风险预期显著上调，企业发行债券的成本上升，偿债周期以短期为主，企业偿债压力较大，很多债券因此取消发行。据人民银行统计报告显示，2016 年第二季度，我国信用债发行共计 1.84 万亿元左右，比第一季度减少 7297 亿元，发行数量和额度出现大幅下滑。另据数据统计，产能过剩的煤炭行业债券发行比第一季度降低约 60%，发行利率比全国其他行业债券高出 145 个百分点。

在不完全信息环境下，债券信用违约集中发生于民营企业融资活动中，由于其信息不对称现象更为严重，且存在多重不可控因素的综合影响，违约风险一直较高，如何降低民营企业的债券风险和妥善处置违约事件是维持债券市场健康发展所应该关注的焦点问题。如努力消除信息不对称的影响，建立健全企业征信体系和评级制度，及时、全面地对债券风险

---

① 周大胜."11 超日债"违约事件 [J]. 债券，2014（3）：48.
② 成方二十三. 我国债券市场信用违约的特征、风险及应对 [EB/OL]. [2016-08-08]. http://chuansong. me/n/495456347357.

做实时预测和评估；建立联合担保体系，分担信用违约风险；及时披露债券相关信息，完善发债企业监管机制等。当前还需警惕的是企业债转股措施的不合理使用。债转股是国家为有效解决或降低企业债务违约风险，而组建金融管理组织，将企业不良债务转化为股权的行为，其并不是"天上掉下来的馅饼"，不是对亏损企业的"优惠政策"。债转股过程中，需要对企业进行甄选、对企业行为进行监督，避免企业抓住立法和法规的漏洞逃债和避债，形成新的"赖账"机制。

3.1.3　企业失信和失德现象

诚信是企业生存的根本，良好的企业信誉能够为企业在市场竞争中提供巨大的助力。然而，我国企业失信、失德现象却屡屡出现，对企业自身、市场和消费者日常生活形成了巨大影响，甚至威胁到了消费者的生命安全。我国市场经济改革进程中，民营企业快速增多，由于其体量小、经营灵活等原因，企业发展过程中缺乏长远眼光，急功近利，出现了很多失信和失德行为。

20世纪80年代，温州的假皮鞋、假电器充斥着国内市场，尤其是鞋类商品，由于质量问题，甚至有着"一日鞋""晨昏鞋"的笑称。温州企业借着造假的成本优势，大量生产制造假冒伪劣商品，使国内优质商品的市场大幅缩小，很多诚信生产的企业正常经营生产遇到困难，市场混乱不堪。随着产品问题的不断曝光，信用缺失最终带来了恶果，"温州模式"引起了社会公愤，甚至出现了全国范围内抵制温州产品的现象，甚至有的商店为了招揽顾客，挂出了"本店没有温州货"的标示语。80年代末，温州企业失信问题严重，引起了政府的高度重视，在失信治理过程中，大量企业被关停，但也造成了极大的资源浪费。

2008年，"中国奶制品污染事件"深深刺痛了国人神经，企业诚信问题再一次成为国人关注的焦点。2008年三鹿集团为提高奶粉蛋白质检测指标，在婴幼儿奶粉中添加化工原料三聚氰胺，致使大量的婴儿患有不同程度的肾结石。三鹿奶粉事件曝光后，消费者对国产奶粉的信任荡然无存，出于对孩子健康的考虑，大多数父母宁愿购买价格较高的进口奶粉，也不敢选择国产奶粉，中国奶业寒冬来临。时至今日，三聚氰胺事件的影响仍未完全消除，尽管国内已经连续多年未检测出奶制品中含三聚氰胺，但是消费者仍然心有余悸，可见重塑市场信心的难度之大。据新京报报道，三聚氰胺事件的影响不仅使国产奶粉失去了国内市场，国际市场也排斥我国奶制品。奶制品须严格检测才能入关，甚至由此波及到了其他食品行业。[①]同时，企业失信不仅表现在制假造假，还表现在虚假宣传、价格欺诈等方面。如一些酒类、粮油类商品企业为了打开销路，往往会虚假标注"特供"或"专供"的字样；某些企业过分夸大化妆品、药品的效果；提供虚假打折信息等。

综合上述企业失信现象的分析，可以看出企业失信行为的产生主要来自于以下几个方面：宏观经济不景气造成的企业债务违约、企业恶意逃废银行贷款、弄虚作假、逃税漏税、制假售假、价格欺诈、虚假宣传等，种种行为形成了企业失信行为的原因，究其根本是来自于信息不对称，或者说是由于不完全信息的环境导致的。从定义来看，信息不对称是指市场经济活动中不同的交易主体拥有的信息有区别，掌握信息比较充分的一方在交易中往往处于有利地位，而拥有信息较匮乏的一方处于信息劣势地位。在企业融资活动中，企业是掌握信息比较充分的一方，对自身信息的了解远胜于银行或者其他金融机构和个体投资者。企业在进行融资活动时，事前应该全面向投资者公示相关信息，而因为信息不对称的存在，企业可能会存在信息欺诈行为，漏报、谎报企业某些信息，对投资者形成错误的引导，这也是信息经济学中所说的道德风险。在履行合约过程中，信息不对称的现象依然存在，如"三角债"问题和债权融资问题，企业既是不完全信息环境中的优势方，同时也是受害者。一方面，作为信息优势方，企业对于自身经营状况和还款意愿十分清楚，而债权人只能根据企业所公布的

---

① 三聚氰胺后遗症未消：7 年 850 批中国食品被美拒入境［N］. 新京报，2015-03-10.

信息了解企业的经营动态，使得企业在经营出现问题时可能会存在机会主义倾向，出现信息披露不及时、不真实的情况，最终在债务到期时由于信用原因形成债务违约；另一方面，宏观经济环境的变动、各种不可测因素的影响，企业无法预知利益相关企业的信用信息，及相关因素对企业自身的影响。履行合约过程中，企业是否有能力或者是否愿意按合同约定偿还货款或者债券利息。

从企业生产和销售看，企业出现信用缺失问题的原因和表现形式主要是原材料不真、虚假宣传和价格欺诈等，这些原因的根源也可以解释为信息不对称。但是，在完全信息条件下，企业的欺诈行为在消费者看来就是"掩耳盗铃"，根本起不到效果，也没有必要再讨论企业失信行为，因为完全信息条件下没有失信现象滋生的土壤。在现实市场交易中，企业是信息拥有更为全面的一方，消费者是信息劣势方。为了追求暴利和销售效果，企业往往罔顾市场诚信规则，在消费者不知情的情况下，偷工减料、以次充好、过分夸大产品效果、发布虚假打折信息（如提价打折销售现象）等。

由此可见，不完全信息是企业失信行为发生的根源，为了减少和防范企业失信行为的产生，需要削弱信息不完全的影响，主要是要做好企业信息记录与公开。民营企业也应该加强自身信用管理体系建设，维护好自身企业信用形象。

3.2　民营企业信用缺失及其信用管理的意义

没有规矩不成方圆，市场经济只有在一定的市场规则下才能正常、高效地运行，而信用就是市场经济的规矩之一，信用缺失会使市场陷入混乱、无序的状态，使市场无法合理地实现资源配置，甚至出现"优汰劣胜"的逆向选择现象。民营企业信用缺失问题在我国市场经济体制建设过程中屡有出现，对于民营企业的自身发展和民营企业的形象造成了恶劣的影响，因此，进行民营企业信用管理具有十分重要的意义。

3.2.1 增加交易成本并降低市场效率

根据莫迪利亚尼和米勒的 MM 定理，在完全信息假设条件下市场交易成本为零，企业融资交易成本为零。随后，在饱受质疑中，西方一些经济学者在研究企业融资活动时引入了信息不对称假说，认为企业在融资时会产生交易费用。威廉姆森在研究企业交易行为时，认为不对称信息是产生交易成本的根源，所论比较宽泛，并非单单指企业融资的交易成本，而是不对称信息条件下以价格为中心的市场经济运行的必然结果。完全信息条件下，企业失信行为将无所遁形，企业失信行为恰恰证明了市场经济是在不完全信息环境中运行的，并非是西方经济学研究中的完全信息前提。在信用水平高度发达的市场经济环境中，签订合约需要考虑的是合约内容以及相关技术问题，交易前信息考察和合约监督费用支出较少。而在信用缺失的社会环境中，合约签订时需要花费大量的时间、精力、物力和财力，对企业信息进行甄别、判断；签订合约后，为了保证双方能够按约定履行合约，还需要建立合约监管体系，防范违约现象的发生。可见，信用缺失增加了合约交易费用，延长了合约交易时间，降低了市场交易效率。从我国曾经出现的"三角债"和债券违约现象可以看出，严重的企业失信行为可以造成资本市场混乱，使金融市场交易主体间彼此互信水平降低，影响企业之间以及企业与银行之间的合作关系，进而影响企业资金周转和流动性，降低资金利用率和企业生产效率。企业失信行为，还会增加金融市场的风险预期，企业融资活动需要提高债券融资利率或者以更高的利息获取银行贷款，企业融资成本增加，并且所获得资金偿还期限缩短，形成较大的还债压力，进而有可能引发债务危机。

3.2.2 企业信用缺失不利于企业自身的发展

"业无信不兴"是对企业信用缺失影响的深刻诠释。短期内企业失信行为可能使企业获取利益，但是从长期来看，企业投机取巧的失信行为并不是企业家的理性选择，而是机会主义和投机主义的冒险，这种冒险短期内会给企业带来超额利润，但是最终会将企业拖入信任危机，甚至是破产危机。从企业失信现象的不同表现形式来看：首先是债务失信。企业如果在债务问题上存在失信行为，树立了逃债、避债、还债不主动的社会信用形象，往往会使融资机构和投资者认为该企业存在较高的债务违约风险。给企业带来的最直观影响是融资利率偏高，或者导致企业根本无法从银行或者其他风险意识较高的金融机构获取资金。其次是生产、销售失信。企业在生产用料上欺诈消费者，以次充好、追求暴利，甚至有些严重失德厂家制假造假没有底线，使用有害的原材料进行生产。如上述温州造假风波和三鹿毒奶粉事件中造假的最终后果，企业在市场将再无立锥之地，短期的暴利和在全民声讨下的濒临绝境形成鲜明对比。最后企业的失信影响还表现在企业经营管理的其他方面。企业失信行为是企业文化缺失的表现，暴露了企业核心价值观念的错位和混乱，信用缺失问题的持续不利于正确的企业价值观和企业文化的树立。企业失信行为在短期内快速为企业带来巨大收益，但长远来看，失信、失德的经营行为增加了企业的破产风险，也制约了企业的再融资活动。

3.2.3　企业信用缺失会造成行业混乱

制假、造假能够降低企业生产、经营和营销成本，主要表现在品牌模仿降低了企业营销成本，原材料掺假降低了企业的原材料成本，做工粗糙节省了企业的加工成本，使企业在短时间内谋取暴利。如 20 世纪 80 年代温州造假制假风潮中，大量温州企业模仿制造的国内知名鞋类品牌、低压电器等，假冒伪劣商品以低廉的价格迅速出现在全国大大小小的商场中。在温州假货挤占市场份额的同时，优质的高价真品市场份额却大幅缩水，有一些被模仿的生产同类商品的正规厂家甚至出现了经营困难的现象。劣质品泛滥，制假企业驱逐、挤压正规企业，扭曲的市场现象导致社会资源配置出现严重错位。

严重的企业诚信缺失问题，其带来的负面影响往往不止于企业本身，还会向行业内其他企业蔓延，成为区域性和全行业所共同面对的后果：①"三角债"问题最为严重时，企业间拒绝拖欠货款，银行收紧贷款，使本来没有三角债务关系的企业也很难享受信用交易的便利，并且也面临着融资渠道受阻的困境；②20世纪80年代的温州造假事件，其影响是区域性的，"温州货"成为假冒伪劣的代名词，并不是温州企业全部都存在失信行为，但是部分失信企业所造成的后果最终不得不由全温州的企业共同承担；③2008年，三鹿毒奶粉事件造成的恶劣影响，使得我国整个奶粉行业陷入滞销状态，畜牧养殖业也受到不同程度的影响，甚至于其他各国纷纷调高了对我国食品进口的检测等级，尤其是奶制品以及可能含三聚氰胺的食品。

通过上述分析可以看出，企业信用缺失不仅阻碍企业融资活动的进行，而且还会产生其他诸多负面影响。良好的企业内部信用管理和社会企业信用管理体系，能够在一定程度上减少企业失信行为的发生，具有十分重大的现实意义。本书在第2章已经分析了良好信用对于企业融资的积极影响，有学者也提出要建立信用管理体系、担保体系和监管体系以提升企业信用水平，缓解信息不对称环境下企业在融资活动中的不利局面。

3.3 企业征信与评级现状

我国虽然历来重信，但是很长时间以来只是停留在道德层面，形成的只是意识形态的形而上的信用约束。2009年，国务院法制办发布了《征信管理条例（征求意见稿）》，为解决市场经济建设过程中频频出现的企业信用缺失问题提供了法律依据，填补了我国企业信用缺失相关的法律空白，为重塑社会信用体系，加强信用制度建设提供了有力后盾和指导。

现代市场经济中，信用的重要作用是毋庸置疑的，有经济学家指出，市场经济本身就是信用经济。其实，信用交易在我国早已产生，因企业失信而出现的"三角债"危机，甚至严重影响了我国经济改革和发展。个人信用交易也逐渐开始发展，如信用卡、消费贷款、汽车贷款等，且个人信用记录、违约记录等在移动通信和银行领域都有所备案。整体来看，我国信用制度的建设并未跟上信用交易发展的脚步，导致信用问题频繁发生，企业信用现实状况不容乐观。据《中国社会心态研究报告2016》相关数据显示，我国总体信任水平已经跌破了60分的底线，总体信用水平进一步下降。为了解决我国企业信用缺失问题，改变信用交易违约率高的现状，建立健全社会信用体系显得尤为必要。

信用体系建设的重要工作是信用信息的收集与记录。"11315"全国企业征信系统是我国成立较早的第三方企业征信系统，始于2001年，目前已经形成了覆盖全国、标准统一、跨区域、跨行业、跨部门的征信体系。该系统通过与企业之间的合作，基于《国家信息公开法》公布的数亿条监管信息，在甄别和充分考察企业信息的基础上，为企业建立包含来自消费者、金融机构、国家与社会的信用评价等内容，以及企业基本经营信息的信用档案（包含政府监管信息、行业评价信息、信贷评价信息、媒体评价信息、企业管理运营信息和市场反馈信息六个部分），为投资者和消费者的选择行为提供指南。可见，当前我国征信体系在信息收集与记录层面已经形成了具有一定考量标准与法律依据的较为成熟的体系。

企业信用管理的另一个重要方面是信用评级，信息收集与公布是为相关评级机构和消费者提供服务的，有时候非专业的投资者与消费者并不能很好地知道相关企业信息所显示出来的企业信用水平，这需要专门的机构对企业信用档案进行分析，并通过一定的评级方法和技术手段使企业信息成为简单明了的信用符号，直观展示信用水平的高低，如"AAA+"

"BB-"等信用等级符号。我国的评级机构需要国家的批准与授权，现阶段，较具权威的评级机构——五大信用评级公司，相继被国家发展和改革委员会、工业与信息化部、人民银行和多个省市监管部门授予评级资质，评级结果能够较为准确地反映被评级企业的资本实力、经营状况、盈利水平、发展前景以及投资风险等信息，其结果可以作为衡量企业信用的标尺。

3.4　本章小结

本章首先对企业信用缺失问题的现象和原因进行分析，认为国有企业"三角债"、债券违约、失信经营等企业失信行为出现的根本原因是信息不对称。因此，解决企业失信问题的关键在于削弱信息不对称所造成的影响，主要手段是建立健全企业征信体系。文章其次分析了企业信用缺失对企业、行业和个人所造成的不良影响，总体来看，信用缺失会增加交易成本，降低市场效率，影响市场资源配置活动的正常运行，还会使消费者的权益受到侵害。具体到企业融资问题而言，信用缺失对于企业的影响更为严重。当企业失信行为普遍存在时，市场风险预期会提高，为对冲风险，企业在融资过程中不得不支付更高的利率，并且，投资者出于安全性和自身的风险偏好考量，往往倾向于进行短期投资，这增加了企业的偿债压力。对企业信用缺失行为的分析，目的在于突出信用对于企业的重要作用，为后文研究企业信用与融资效率之间的关系做铺垫。本章最后对我国企业征信体系现状作了简要评述，主要是为了说明虽然我国企业征信制度相较于西方国家来说起步较晚，但是征信和评级机构已经具备了专业的评级能力和水平，其提供的评级结果对企业信用评估具有一定的参考价值。结合第2章关于资信评级的相关理论综述，为后文以评级结果为企业信用水平的标尺提供理论和现实依据。

第 4 章

企业信用、融资成本与融资效率相关性分析

      企业信用是对企业生产经营状况、财务状况、内部管理水平、发展状况、企业征信记录、高管个人信用记录等进行综合评价，主要反映企业的违约率，以向投资者、客户、供应商、政府、中介机构等广大社会利益相关者提供真实、全面、可靠的信息，供各利益相关者进行决策判断。企业融资成本是企业获取外界投入资金时，支付给相关投资者的报酬及为获得融资所支付的手续费等，融资成本是企业获得融资所付出的代价，融资成本的高低反映企业获得外部资金的难易程度，与企业信用密切相关。当企业的信用状况较好时，意味着企业能够及时偿还债务，在高风险、高收益的投资原则下，外界投资者愿意获得相对较低的报酬对信用状况较好的企业进行投资，以获得稳定的投资收益，而不愿投资于信用状况较差，但能获得相对较高而风险较大投资收益的企业。融资包括企业的融入资金和融出资金，涉及获得资金时的资金成本率和对项目投资时的资金利用率，融资效率能够反映企业获得外部投资所支付的成本情况和企业运用融资资金所获得的收益率。企业信用对企业融资成本有直接影响，而企业融资效率、企业融资成本与收益相关，三者具有怎样的相关性，本章进行如下分析：

4.1 企业信用与融资成本的相关性分析

近年来，在我国民营企业外部融资中，债务融资的比重逐渐增加，据万得（Wind）资讯数据库统计，截至 2015 年 12 月 31 日，我国民营企业债务融资的比例达到 69.14%，随着我国债券市场不断发展，债券融资的比重逐渐增加，截至 2014 年 9 月，企业债券融资的比例达到 40.81%，这说明债券是企业获得外部融资的重要渠道。在市场经济不断发展的过程中，我国政府鼓励并支持企业优先选择债券融资，一方面是债券融资的利率较低；另一方面是债券融资具有抵税效应，企业可以获得较多的利润。债券在企业融资中逐渐占据主要地位，从侧面反映其他融资渠道不足以获得足够资金，使企业对债券融资产生较大依赖。债券融资对企业的资产规模、自身经营状况和信用等级的要求较高，当企业呈现较好的发展态势时，较多采用债券融资，主要是因为债券的融资成本较低。随着债券在我国经济市场中占据主要地位，为促进债券市场更好的发展，我国政府于 1987 年颁布《企业债券管理暂行条例》，成立独立的第三方评级机构，对企业的信用等级进行严格评审。企业的信用状况，涉及企业自身运营的各个环节及财务指标，同时也涉及政府、第三方中介等社会相关者对企业客观、全面的评价，当企业信用状况较好时，向社会各界传递企业利好的信号；而当企业信用状况较差时，各利益相关者及政府等相关社会机构，对企业持怀疑态度，企业在各环节的运转中会面临各种质疑，特别是对企业筹集资金和销售商品产生严重影响，对企业利润造成直接损失，严重影响企业的正常运转。企业信用直接影响企业债券融资的难易、融资规模、融资所支付的利息及相关手续费等，与企业债券融资成本的大小息息相关。

4.1.1　融资成本

目前，企业债务融资主要通过银行等金融机构获得贷款、发行债券及可转换债券等获得资金，企业为实现融资而发生的与筹集资金相关的费用及支付给资金提供者相应的资金占用费等，共同构成融资成本。企业在评价经营业绩、决策资本结构、投资、筹资等活动中，债务融资成本是管理者进行权衡的重要因素，企业支付的融资成本越高，资金的融资效率越低，融资效率与融资成本负相关。企业获得资金主要有内部融资和外部融资两种方式：第一，内部融资指企业将自有资金投入生产经营，进行资本化投资，此种方式获得的资金无须支付手续费等，因此融资成本相对较低。但是，在使用自有资金时，企业原本将自有资金投入其他经济方式的机会成本便相应降低。第二，外部融资指企业通过发行债券、股份等方式，从外部获取资金。从银行获得资金需支付利息，从证券市场获得资金，需经法律机构和会计中介机构对企业的经营状况及财务状况进行审计。根据从不同投资者获得资金的来源不同，将从外部投资者获得的资金称为股权融资，从银行等金融机构获得的资金称为债权融资。2012~2018年，我国民营企业中新发行债务融资的企业中，股权融资及债权融资的情况如表 4.1 所示。

表 4.1　民营企业外部融资方式的比重

年份	2012	2013	2014	2015	2016	2017	2018
公司数量	31	51	146	266	286	276	341
股权融资比率（%）	34.33	32.19	31.78	29.06	29.17	28.73	26.01
债权融资比率（%）	34.11	35.97	37.32	38.07	40.17	41.08	43.13

资料来源：万得资讯数据库。

由表 4.1 可知，在民营企业外部融资方式中，债权融资的比重逐年增加，债权融资必须按期偿还，这是一个客观条件，它受到国家宏观经济结构的影响。自 2008 年金融危机后，因股市的直线下跌，上市公司不得不向银行等金融机构进行借款或通过发行债券等方式获得资金来源。为维持证券市场的稳定与可持续发展，证监会通过限制企业配股条件、提高上市门槛等方式使股权融资方式较为艰难。债权融资在一定期限内必须偿还，且需要支付相应利息，主要是从银行信贷、商业信贷、融资租赁、发行企业债券这四种渠道中获得。因债务融资存在抵税效应，故相对而言，股权融资的成本较高，内部融资的成本较低。自 2012 年起，我国银监会相继颁布《商业银行资本管理办法（试行）商业银行对境外主权和金融机构债权的风险权重》《〈中国银监会外资银行行政许可事项实施办法〉关于外资银行发行债务工具》等法规，加强银行对企业贷款的监管，2015 年 1 月，证监会颁布《公司债券发行与交易管理办法》，规定：向公众公开发行的公司债券必须为 AAA 级。向合格的投资者发行可评级债券等，促进了我国债券信用评级，为加强企业贷款奠定基础。外部融资成本主要包括融资利率、代理成本、营销成本及实际融资额等。

1. 融资利率

随着我国债券市场的不断完善，企业通过债权融资的比重逐渐增加。债权融资主要通过发行债券、企业信用、银行贷款等获得投资者资金，并支付相应的利息、资金占用费等，即支付给投资者的资金使用费及报酬。债权融资成本由隐性预算硬约束和利息率构成，随着利率市场化的推进，中国人民银行于 2013 年 7 月放宽了对贷款利率的管制，大量国有企业、大型企业及中小企业等可以 6% 的低利率获得银行贷款。因很多企业处于某一行业的产业链中，当很多中小企业因自身资产状况、盈利能力、信用级别等受到限制时，其供应链中的核心企业可为中小企业提供信用担保进行借款，因银行贷款利率相对较低且具有抵税作用，很多中小企业偏向债权融资，而非股权融资。根据获得资金发生的成本，债权融资成本分为绝对融资成本和相对融资成本，绝对融资成本指筹集资金及运用资金时发生的费用，相对融资成本指筹集资金时的利息支付率，相对融资成本的度量方法主要有亚当斯（Adams，2006）提出的"（利息支出+资本化利息支出）/总债务法"、到期收益率法［即"$\sum$（利息/（1+Kd））+本金/（1+Kd）］、可比公司法、风险调整法、财务比率法、税后债务成本法。

2. 代理成本

企业债权人倾向企业按时还款并支付利息，以获得利息为主要目的，而股东倾向获得较多的分红，遵循高风险、高收益的原则，愿意承担较大风险，以企业盈利为主要目的。企业融资选择股权融资和债权融资时，不可避免地会产生股东和债权人的利益冲突，企业管理者的目标是实现企业利润最大化，因此，管理者在作出投资决策时，不可避免地会损害债权人的利益。在进行债权投资时，债权人会理性分析职业经理人的决策行为，当职业经理人采取的决策对债权人不利时，债权人采用增加限制性条款、降低债券价格等方式增加企业的债务融资成本。企业管理者将债权融资和股权融资作为投资额时，获得投资项目的净现值减去债务投资及利息，即为股权投资者的收益。若企业管理者的投资决策失误，部分股东在投资时会限定仅对投资额承担部分责任，而对投资额之外的损失，则由债权人承担。在此种筹资模式下，企业管理者将获取部分债券投资者的投资额，进行高风险、高收益的投资项目，这样就会产生新的融资成本，即代理成本。当企业管理者或者股东出现投资过度或投资不足时，会作出对债权投资者不利的投资行为，当企业获得的投资项目净现值大于零而小于本期尚未到期的债券时，债权投资者将能够收回投资，而股东投资者则未能获得利润，在此情况下，股东不会选择这样的投资方式，股东投资者仅会选择投资净现值大于企业债权人投资额，而差额则为股东投资者收益的项目。因此，债权人和投资者在进行投资决策时，会对企业管理者的投资决策行为进行理性分析与判断，当企业投资项目净现值不能够支付股东投资者收益时，会出现投资不足的现象。当债权投资者与企业管理者签订投资协议时，即形成了一种委托—代理关系，债权人关注利息不能被抵补和损失本金的风险，债权人为减少上述风险，会加强对企业管理者的监督，使债务代理成本增加。增加限制性条款、缩短债务偿还期限等可以约束企业管理者的过度投资，高水平的债务融资成本能够约束企业管理者的投资行为，调整债权与股权融资比例，减少企业融资成本，促进企业高效、健康、快速的发展。

3. 营销成本

企业管理者掌握企业发展的真实状况，熟知企业的日常生产经营状况及未来发展前景，而外部投资者仅通过经审计后的财务报表，间接地推导出企业发展状况。投资者和企业管理者的信息处于不对等的状态，企业管理者掌握企业的内在价值和经营业绩。为使企业投资者了解企业的发展状况，管理者通过债务比例、债务结构、分发股利、现金流等方式向投资者传递企业发展信号。如债务比例越高，说明企业信用状况越好，银行等金融机构愿意对其发放贷款，企业发展前景好，企业的融资成本相对股权融资成本低。债务比例逐年上升，说明企业的发展状况被银行等金融机构认可，企业内在发展质量在逐步提高，债务比例与企业发展前景正相关。投资者认为企业是高质量、有潜力的企业，企业管理者通过提高债务融资比例证明其对企业发展前途有信心，因为债务比例越高，企业若不能到期偿还债务，面临的破产风险越大，管理者提高债务融资比例，证明企业具有较好的收益及发展前景。潜在投资者根据企业管理者向资本市场提供的良好发展信号，认同企业的发展前景，进而对其进行投资，因为信息不对称，使企业在进行债务融资时，向市场传递企业蓬勃发展的信号。企业管理者熟知企业自身发展状况，而投资者需根据管理者向市场传递的发展信号进行投资决策，20 世纪 70 年代，相关学者认为企业负债比例是衡量企业发展状况好坏的信号，外部投资者据此进行分析，并判断企业的发展状况，负债水平越高，说明企业发展状况越好。此外，企业规模、市值也是投资者判断企业发展状况的重要标志，规模大、市值高的企业，投资者认为其具有较强的发展潜力和发展空间，企业的总资产、总收入越高，说明企业未来的经济效益越高，当企业亏损时，对债权人进行抵押清偿债务时存在一定的保障，企业管理者向资本市场传递的企业发展信号至关重要。塔格特（Taggart，1977）认为，企业债券和股权在市场价值中的比重，在很大程度上影响企业证券的发行。刘端（2005）认为：根据资本市场的有效性，市场时机影响融资方式和融资结构，进而影响债务融资成本，在市场进入发展阶段和衰落阶段时，为了以较低成本获取维持经营活动的资金，企业通常采用发行债券或向银行等金融机构借款等方式进行筹资。在企业的不同发展阶段，考虑债务融资的成本及重要性，企业根据自身发展状况，在资本市场中，通过低成本优势选择合理的融资方式，降低企业的融资成本，更好地促进企业的高效发展。

4. 实际融资额

融资包括资金的融入和融出，在现代企业发展中，融资指企业为实现日常运营及发展等，通过一定的方式，从外部投资者获得的资金流入。资金需求者通过发行债券、向银行等金融机构贷款等方式获得的资金，即为融资总额，因企业在融资时，需支付给资金提供者相关的资金占用费、企业筹资中发生的融资成本等，实际融资额为获得的资金总额减去相关的筹资费用及为资金提供者支付的相应报酬。债务融资成本受公司的信息披露、治理水平、信用评级、财务信息质量等多种因素的共同影响。高效的公司治理水平，能降低企业管理者与投资者之间的信息不对称，阿什博等（Ashbaugh-Skaifeand, et al., 2006）认为信用评级能够较好地反映融资成本状况，当企业管理层的独立性越高、企业资产质量状况越好时，企业的债务融资成本越低，企业能够实现较高的融资效率。[1] 蒋玻和陆正飞（2009）通过分析深证 A 股企业的综合治理情况，认为企业综合治理水平与企业债务融资成本负相关，当企业具有较高的治理水平时，企业债务融资成本较低。[2] 当信息披露程度较高，投资者与企业管理者之间的信息对称时，投资者了解企业的真实情况后，会做出合理的投资决策，使企业融资结构合理且尽可能地规避风险，相应地降低债务成本。债务成本的降

---

① Ashbaugh-Skaifeand D. Collins W., La-fond. The Effects of Corporate Governance on Finn's Credite Ratings [J]. Jaurnal of Accounting and Economics, 2006 (3): 98-111.

② 蒋玻，陆正飞. 公司治理与股权融资成本——单一与综合机制的治理效应研究 [J]. 数量经济技术经济研究, 2009 (2): 60-75.

低，能够最大限度地增加企业实际融资额，使企业通过债权投资实现收益最大化，进而保障企业、投资的利益最大化。

4.1.2　企业信用对融资成本的影响分析

为客观、公正、真实地反映企业的信用状况，我国采用 20 世纪 60 年代西方国家采用的评价方法，运用第三方信用评价机构根据其专业经验和技术水准等对企业的经营状况、偿债意愿和偿债能力等进行违约可能性评价，根据企业自身的真实状况，授予其相应的信用等级评价，给予投资者作为投资决策的判断标准。20 世纪 80 年代，我国政府债券的发售奠定了我国债券市场的基础，企业为获得融资需求，向其他企业和社会发行债券，以定期支付利息的方式进行融资，银行为了融通资金开始发行金融债，利率高于一般存款利率，自此，金融债成为一种新的融资渠道。为促进债券在我国的顺利发展，1987 年国务院颁布了《企业债券管理暂行条例》，使我国企业债券发行量在 1992 年创下历史新高，企业债券以公开方式发布，主要发债对象为中小型企业。为促进债券市场更好的发展，我国政府于 1994 年颁布《公司法》、1999 年颁布《证券法》，促使我国产生了沪深证券交易所债券市场、全国银行间债券市场、STAQ 系统的柜台交易市场和地方性证券交易中的债券市场，我国债券市场逐步发展壮大。债券投资者面临的最主要风险为信用风险，企业信用对融资成本的影响表现为以下几个方面：

1. 企业信用影响信息不对称程度

企业管理者、银行等金融机构、企业投资者之间存在信息不对称，银行在发放贷款时，需考察企业的市场状况、财务状况、运营状况等，以判断其是否具有及时偿还贷款的能力，因银行评判对象为企业外在状况，无法获得真正的信息，故在判断企业信用方面处于劣势。企业股东及债券投资者未能掌握企业真实的财务状况及现金流状况，对企业管理者投资决策中采用的风险程度难以确切了解，因此，投资风险也会因信息不对称而增加。在企业的应收账款管理中，对于客户拖欠的应收账款及部分坏账，企业采用账龄分析、计提坏账等方法核算,尽可能地反映应收账款的资信状况,但难以从根本上解决应收账款的不能及时回收性。随着资本市场及衍生金融工具的不断发展,交易过程中涉及多方的利益相关者,使信息不对称更加严重。为杜绝企业的虚假信息,更好地约束企业的道德准则和职业标准,完善政府的立法与执法效率,信用评估机构运用其自身过硬的专业知识和信息处理能力,在对企业信用风险的把控等方面,独立性、客观性均高于机构投资者,可以缓解投资者、银行等金融机构、企业管理者、其他利益相关者等之间的信息不对称程度。企业信用是企业实现长期发展的基础,良好的信用作为长期无形资产,在企业经营等状况相差无几时,企业信用能够增强企业的可靠程度。对企业信用进行高质量的评判时,能够减少企业的信用风险,使投资者能够减少相应的投资风险,进而获得较为稳定的投资收益。为获得企业真实、可靠的信用状况,信息需求各方可根据信用评价机构的评定情况,更全面、真实、客观、全方位地了解被投资企业的经营状况,选择自身的投融资决策。

2. 企业信用影响交易成本

信用评级机构能够对借款企业的信用和违约风险进行前瞻性统计,信用评价机构具有较强的信息搜集能力和处理能力,能够减少个体投资者对借款企业信用评价的误差,信用评级机构对企业信用的评价,是建立在市场公认的基础上的,其专业的评价水准获得了较高的社会认可度。企业外部融资成本高于内部融资成本,在选择外部融资时,会权衡评级变动带来的成本与权益融资成本,当企业信用评级将要变更时,为尽可能地减少风险,企业通常采用较高的股权融资成本和较低的债权融资成本,因为信用评级的升级或者降级尚未知晓,当企业信用评级升级时,企业选择较多的债权融资,相反,企业则选择较多的股权融资。外部信用评级标准高于内部信用评级标准,投资者在进行投资前获得信用评级机构的评价信息时,需支付专门的使用费,因任何统计无绝对、全面的统计结果,投资者还面临信用评价标准的不完善性风险。此外,交易费用还涉及业务复杂程度、交易时间、人工成本等,信用评级机构专门从事信用评价工作,能够更专业、有效地提供企业的信用评价状况，降低企业的交易成本。信用评价机构需经过严格的考核而成立，且需监管机构对其进行不断的考核等监管措施，从而实现获取的信息较为公正、准确、有效。

3. 企业信用影响融资结构

法玛和弗伦奇（Fama & French，2002）认为最优资本结构，应考虑各种融资方式的收益与损失，向最优负债率靠近。当信用评级影响融资成本时，需要考虑信用评级，进而考虑企业价值最大化。信用评级较低的企业，意味着企业的融资违约可能性较高及信用风险较大，使债务融资成本增加，进而降低企业价值。为此，企业选择增加股权融资，减少债权投资的融资结构，重新定义最优负债率，以防止信用评级较低带来的相关信用风险。相反，当企业的信用评级上升时，表明企业债权融资的违约可能性降低及信用风险减少，使债务融资成本减少，进而增加企业价值。为此，企业选择增加债权投资的融资结构，重新定义最优负债率，以更加真实地分析信用评级带来的相关风险。债权融资主要包括向银行等金融机构的贷款融资和发行债券融资，银行等金融机构在发放贷款时，需要企业提供相关资产经营状况，并提供信用担保，将相关资产进行抵押、质押等，以保证企业按期归还借款的本金及利息。发行债券是企业面向公众发行债券，发行利率低于银行借款利率，但发行需承担较高的承销费用，但总体而言，债券的融资成本比向银行等金融机构的贷款较低。因此，企业在进行债权融资时，较多采用债券融资，使得债务融资结构中以债券融资为主。可见，企业在选择股权融资和债权融资的比重时，企业可根据投资者愿意承担风险的大小，并考虑信用评级对企业信用状况的分析，考虑信用评级的上升对债权融资中减少成本与提高收益的影响，信用评级的下降对债权融资中增加成本与减少收益的影响等，考虑信用评级的升级与降级对企业信用风险的潜在影响等，使企业选择最优的融资结构，实现企业价值最大化。

总之，企业信用影响债权融资中信用风险的大小，企业信用评价能够向市场传递企业的信用状况及信用风险，企业相关投资者根据自身愿意承担风险的大小，选择不同的投资报酬率等进行投资，银行等金融机构则根据企业自身发展情况及提供的担保物、抵押物价值的大小，确定与企业签订的借款利率及还款期限。企业根据自身支付利息的能力及到期能归还借款金额的情况，选择适合自身的融资方式。企业在进行筹资决策时，根据自身的实际情况，选择较低的融资成本，并在获得资金后，选择较好的投资项目及投资方式，对资金进行合理利用，提高资金的收益率，以获得更好的利润，进而实现企业价值最大化，即企业信用评价能够从各个方面为企业债权投资者、企业管理者根据自身愿意承担的风险，选择合适的筹资及融资方式，进而决定企业自身融资成本的大小。因企业信用评价或者债券限制性发行条件的限制等，影响企业债权融资渠道，进而影响企业融资结构决策，企业为了防止信用评级降低而减少债权融资比重，为了预防信用评级上升而增加债权融资比重（企业信用评级每年都在变化），企业往往根据前三年的信用评级状况预估本期信用状况。经上述分析可知：根据企业信用评级状况，企业债权投资者会根据自身愿意承担风险的大小要求相应的资金占用率，企业则根据自身支付相关筹资费用及还款能力的限制，选择所能承担的融资成本，在确定融资渠道后，便形成了相应的融资结构，企业将获得的资金进行合理投资获得相应的收益，进而提高融资效率（见图 4.1）。

| 信用评级 | → | 融资成本 | → | 融资结构 | → | 融资效率 |

图 4.1　信用对企业融资的作用机理

4.1.3　企业信用对融资成本影响的实证分析

我国最早于 20 世纪 80 年代开始发行债券，截至 2008 年底，仅发行了 20 只债券，随着我国市场经济的不断发展，万得资讯统计显示，截至 2014 年底，民营企业公开发行债券的规模为 1.14 万亿元，未到期债券的发行比例为 75.13%。可见，债券融资逐渐成为企业债务融资的主要方式，而企业债券融资面临的最大风险为信用风险。信用风险为企业违约率的比例，信用风险涉及企业管理者水平、财务及经营状况、企业高管人员独立性等，涉及范围较为全面，为更加有效真实地反映企业的信用状况，信用评价机构运用其专业能力对企业进行信用评价。较高的信用评价等级意味着较低的信用风险，债务融资成本与企业信用评级负相关，企业投资者根据信用评级进行投资决策，企业具有较低的债务融资成本。

本书首先从理论层面分析企业融资成本的影响因素，认为企业信用评级、企业规模、资本结构、企业盈利状况、资产经营状况及贷款情况能够影响企业融资成本，采用多元一次回归模型能够更加直接、客观地分析各自变量对因变量的影响大小及相关性。

1. 企业融资成本影响因素的理论分析

企业信用等级代表违约风险的大小，当违约风险较大时，为保障自身利益，投资者要求较高的债权回报收益率，企业的债务融资成本越高，因此，企业信用能够直观地反映企业债务融资成本的大小，信用评级得分与债务融资成本负相关。企业资产规模能够反映企业的发展状况及偿还债务的能力，当企业的规模较大，代表企业偿还债务能力较强，即使破产，也能抵押较多资产，优先对债务进行清偿，因此，资产规模与债务融资成本负相关。资产负债率是衡量企业负债水平的重要指标，可衡量债权人在企业资产清偿中获得的利益保障程度，资产负债率越高，债权人财产受损的风险越小，债权人要求的报酬越低，企业债务融资成本越低，因此，资产负债率与企业债务融资成本负相关。总资产收益率反映企业的盈利能力及发展能力，对于经济状况较好的企业，较多的债权投资者愿意进行投资，因此要求的债权投资报酬率较低，使总资产收益率与企业债务融资成本负相关。单位资产经营活动现金流入比例能够反映企业资产在日常运转中获得的投资报酬，当单位资产经营活动现金流入比例较高时，说明企业资产运营状况良好且资源得到合理配置，企业较好的运营能力会吸引较多的债权投资者，因此，单位资产经营活动现金流入比例与企业债务融资成本负相关。金融机构贷款率反映在企业债务融资中，从银行等金融机构的贷款情况看，银行等金融机构在进行发放贷款时，首先考虑企业的资信状况，当企业从银行等金融机构获得较多贷款时，说明企业的信用状况良好，银企关系较好，一般情况下，银行贷款利率低于民间融资等的借款利率较低，因此，金融机构贷款率与企业债务融资成本负相关。此外，当金融机构贷款利率过高时，说明企业过度依赖银行等金融机构借款，而忽视了发行债券这一比金融机构贷款利率更低的融资方式，因此相对来讲，企业债务融资成本偏高，金融机构贷款率与企业债务融资成本负相关。鉴于金融机构贷款率与企业融资成本的不确定关系，本书需根据民营企业的实际情况，进行分析验证。

2. 指标的选取

企业信用评级作为反映企业信用风险的代表，能够客观、真实地评价企业的还款意愿和还款能力，而对于信用评级能否作为影响企业融资成本的因素进行信用与融资成本关系的分析，本书借鉴国内外学者关于企业信用与融资成本的理论与实证分析模型，根据民营企业的实际情况，选择相关指标进行合理分析及论证。Ahmed（2002）认为公司信用评级能够衡量公司债务偿还能力与还款意愿，因此公司外部信用评级能够反映公司的信用风险大小，从而影响公司债务融资成本的高低。本书借鉴国内外学者影响债务融资成本的因素分析结论，选择信用评价、企业规模、企业资产运营、盈利能力、贷款情况等合适的指标进行信用评级，探究其对企业融资成本的影响。早期研究者运用财务费用作为衡量企业债务融资成本的替代变量，因财务费用中包含与债务融资成本不相关的项目，且部分长期债务融资成本进行了资本化而未计入财务费用等，故本书采取 Zou（2006）对债务融资成本的度量方法，即"公司债务融资成本=（利息支出+资本化利息支出）/债务总额"。

企业信用因企业的生产运营、财务状况、政府评价等因素而变动，且每年企业信用随之变动，故需要对企业信用情况进行逐年判断，按照信用评级标准，标准信用评级等级共九类，为更加全面、准确、客观地反映企业的信用等级情况，为更精确地划分不同企业的信用等级，将信用等级中的"+""–"分别代表在原有的信用基础上进行调增或调减 0.3,具体信用评级等级划分及代表意义如表 4.2 所示。

表 4.2　信用等级评分

级别	评分	偿债能力	违约风险
AAA	9	偿债能力极强	不受不利经济影响,违约风险极低
AA	8	偿债能力很强	受不利经济影响不大,违约风险很低
A	7	偿债能力较强	易受不利经济影响,违约风险较低
BBB	6	偿债能力一般	受不利经济影响较大,违约风险一般
BB	5	偿债能力较弱	受不利经济影响很大,违约风险较高
B	4	偿债能力很弱	受不利经济影响很大,违约风险很高
CCC	3	偿债能力很弱	受不利经济影响很大,违约风险极高
CC	2	偿债能力极弱	基本不能保证偿还债务
C	1	不能偿还债务	

各变量的代表含义如表 4.3 所示。

表 4.3　各变量的代表含义

变量	含义	符号	计算公式
被解释变量	债务融资成本	Y	(利息支出+资本化利息支出)/债务总额
解释变量	企业信用	X1	5.1.1 中的信用评级得分
解释变量	企业规模	X2	ln(资产总额)
解释变量	企业运营状况	X3	销售收入/应收账款余额期初与期末的平均值
解释变量	总资产收益率	X4	净利润/年初资产与年末资产的平均数
解释变量	单位资产现金流入	X5	经营活动现金流入/企业资产总额
解释变量	金融机构贷款率	X6	从银行等金融机构贷款的利率

3. 描述性统计分析

截至 2008 年底,我国民营企业仅发行了 20 只债券,为更好地反映发债民营企业信用与融资成本的关系，本书选择 2012~2018 年发行债券的民营企业作为研究对象。民营企业的信用管理最有意义和价值，在当前国内环境下，国有企业的信用管理意义小于民营企业，而民营企业加强企业信用管理应该从企业自身角度出发，这也与企业信用管理的界定相一致。根据企业运营能力及政府评价计算出的 2012~2018 年各行业（半导体与半导体生产设备、保险业、材料业、多元金融、房地产、公用事业、技术硬件与设备、家庭及个人用品、零售业、媒体、耐用消费品与服装、能源行业、汽车与汽车零部件、软件服务、商业和专业服务、食品饮料与烟草、消费者服务、医疗保健与服务、制药、生物科学与生命科学行业）民营企业信用等级情况如表4.4所示。

表 4.4　信用评级的年度分布

年份	2012	2013	2014	2015	2016	2017	2018
公司数	31	51	146	266	286	276	341
最大值	9	9	9	11	9	11	9
最小值	3	6.7	1	1	1	1	1
均值	7.6155	7.6392	7.7192	7.6662	7.6563	7.7339	7.9477
标准差	1.3314	1.2328	1.1395	1.1067	1.0381	1.0014	0.8987

由表4.4可知，随着我国债券市场的不断发展，债券融资是企业主要的债务融资方式，为更好地反映企业债务融资情况，本书选取新发行债券的民营企业作为研究对象。2012~2018 年发行债券的民营企业数量在逐年增加，信用评级的标准分为 9 个等级，因民营企业涉及的行业较多，故比较民营企业信用等级的最大值与最小值意义不大，而信用评级的均值呈递增状态，说明民营企业整体的信用评级逐渐增加。从 2012~2018 年面板数据的标准差可知，自 2009 年起，民营企业信用评级的标准差呈递减趋势，说明民营企业信用评级的分布较为均匀，各行业民营企业的信用评级差异在逐渐缩小，信用评级呈上升趋势。

为更全面、具体地反映 2012~2018 年民营企业债务融资成本及其影响因素（企业信用、企业规模、企业运营状况、总资产收益率、单位资产现金流入、金融机构贷款率），本书对各变量进行描述性统计分析，具体分析结果如表 4.5 所示。

表 4.5　各变量的描述性统计分析

变量	N	极小值	极大值	均值	标准差
Y	1397	0	0.7502	0.061415	0.0178909
X1	1397	1	11	7.761639	1.0789874
X2	1397	−1.4729	9.1287	4.625867	1.1592701
X3	1397	0.2617	0.9552	0.577409	0.1459205
X4	1397	0.0006	6.2038	2.933101	0.0214663
X5	1389	−1.4464	11.0908	3.566841	0.600663
X6	1397	0.0038	0.0936	0.033571	0.2074172

由表 4.5 可知，2012~2018 年，所有民营企业平均债务融资成本的均值为 0.061415，标准差为 0.0178909，说明各行业的民营企业债务融资成本相差较大。我国债券市场仍处于发展阶段，民营企业债务融资主要依赖银行等金融机构，不利于构建及稳固债券市场价格，债券融资的比重较小，使企业债务融资成本增加，企业债务融资过度依赖银行等金融机构，也不利于银行等金融机构的长远发展。在统计过程中发现，资产状况较好的企业，即经营活动现金流状况、资产规模较好的企业，获得银行及金融机构的债务融资较多，且利率较低，说明企业信用对债务融资成本有直接的影响作用。

4. 各变量的相关性分析

为更好地反映自变量对因变量的影响程度，需要判断自变量与因变量之间、自变量与自变量之间是否存在相关性。当变量之间存在相关性时，即存在多重共线性，对回归分析中自变量对因变量的影响程度产生

较大影响。所以，需要判断各变量是否存在相关性，具体分析如表 4.6
所示。

表 4.6　各变量的相关性分析

变量	相关性	Y	X1	X2	X3	X4	X5	X6
Y	Pearson 相关性	1						
	显著性（双侧）							
X1	Pearson 相关性	-0.065^*	1					
	显著性（双侧）	0.016						
X2	Pearson 相关性	-0.141^{**}	0.257^{**}	1				
	显著性（双侧）	0	0					
X3	Pearson 相关性	-0.178^{**}	-0.096^{**}	0.337^{**}	1			
	显著性（双侧）	0	0	0				
X4	Pearson 相关性	-0.114^{**}	0.254^{**}	-0.077^{**}	-0.031^{**}	1		
	显著性（双侧）	0	0	0.004	0			
X5	Pearson 相关性	-0.116^{**}	0.199^{**}	0.476^{**}	0.201^{**}	0.172^{**}	1	
	显著性（双侧）	0	0	0	0	0		
X6	Pearson 相关性	0.208^{**}	-0.061^*	0.063^*	0.037^{**}	-0.090^{**}	-0.123^{**}	1
	显著性（双侧）	0	0.022	0.019	0.002	0.001	0	

注：** 表示当显著性水平为 0.01 时，统计检验的相伴概率值小于等于 0.01；* 表示当显著性水平为 0.05 时，统计检验的相伴概率值小于等于 0.05，数据的旁边没有星号，表示无显著相关性。

经分析，各变量在 5% 的显著性水平下显著，自变量与自变量之间、自变量与因变量之间均不相关，说明变量之间的相关性较低，即任何两个变量之间不存在共线性，可进行多元回归分析。因有些变量不是稳定性变量，不稳定性变量在回归分析中可能会产生伪回归，严重影响回归分析的结果，因此，对各变量进行单位回归分析，发现各变量均是稳定性变量，故可直接进行多元回归分析。

5. 回归分析

采用多步骤逐渐回归分析法，经分析，该回归模型的拟合优度为
86.21%，大于75%的标准，说明模型拟合状态较好，Sig. 为 0.000，说明
模型能够很好地反映自变量与因变量之间的关系。各自变量对因变量的影
响程度如表 4.7 所示。

表 4.7　回归分析结果

	非标准化系数		标准系数		
	B	标准误差	正式版	t	Sig.
（常量）	0.107	0.012	0.001	9.17	0.000
X1	−0.013	0.002	−0.031	1.011	0.013
X2	−0.003	0.003	−0.051	1.313	0.017
X3	−0.103	0.013	−0.207	1.078	0.009
X4	−0.239	0.040	−0.261	1.535	0.001
X5	−0.141	0.017	−0.109	0.121	0.015
X6	0.037	0.007	0.172	1.046	0.011

由表 4.7 可知，各变量在 5% 的显著性水平下显著，除企业信用评级
外，其他变量对被解释变量债务融资成本均有显著性影响。第一，企业信
用评级能够反映企业整体运营状况、政府及相关利益主体对企业的评价、
违约风险的大小等，信用评级与企业债务融资成本负相关，债务成本涉及
企业与银行等金融机构的长期合作关系、企业发行债券所支付的利率及筹
资费用等，涉及范围较广，信用评级是从各个方面对企业进行评级，进而
信用评级能够直接影响融资成本。第二，企业规模与企业债务融资成本负
相关，当企业规模越大时，企业的发展态势越好，向市场呈递企业具有较
大潜力的信号，与企业相关的各经济利益主体对企业充满信心，认为企业
具有较强的资金运转及偿债能力，愿意以较低的投资报酬率对企业进行投
资，进而降低了企业债务融资成本。第三，企业运营中，应收账款周转率
与企业债务融资成本负相关，当企业运营状况较好时，企业具有较好的信

用，企业能够以较低利率获取贷款。第四，总资产收益率与企业债务融资成本负相关，总资产收益率较高，说明企业使得各项资产充分发挥其价值，企业资源得到合理配置，当企业总资产收益率较高时，说明企业的盈利能力及运营能力较好，企业向市场传递其发展较好的信号，债权投资者愿意获得较少的报酬，企业能够以较低的债务融资成本进行融资。第五，单位资产现金流入与企业债务融资成本负相关，单位资产现金收入较大，说明企业对资产进行合理的资源配置，在日常经营运转中，使其发挥较好的运营效果，为企业带来较多的现金流，改善了企业资金的流动性，提高了企业运转效率，使企业债务融资成本相对较低。第六，债务贷款率与企业债务融资成本正相关，企业从银行等金融机构获得较多的贷款，说明企业与银行保持良好的合作关系，但是当企业过度依赖银行等金融机构贷款时，说明企业通过债券等其他融资渠道获得贷款的比例较低，而债券融资成本较银行等金融机构的贷款成本低，从而使企业债务融资成本较高。

4.2　企业融资成本与融资效率的相关性分析

在市场经济条件下，为获得资金融通，资金使用者需向资金持有者提供让渡资产使用权费用，融资成本是资金使用者向资金拥有者和相关中介提供费用，使资金过渡到资金使用者手中，最终使资金所有权与使用权分离而支付的相关成本。在这一过程中，融资成本因产权清晰度而相应降低，融资效率因融资成本的降低而提升。企业债务融资成本包括利息支出、手续费支出及其他监督费用等，较内源融资的成本较高。企业债务融资可以给企业带来财务杠杆效应，当企业盈利水平高于债务利率时，增加债务融资可提高净资产报酬率，而当企业盈利水平低于债务利率时，企业因不能到期偿还债务本金及利息等，使企业的财务风险大幅增加。因债务融资具有抵税效应，且权益投资收益率不稳定，权益投资属于高风险、高收益的项目，企业支付给权益投资者的相应资金报酬较高，使得权益融资成本高于债务融资成本。当资本市场状况下滑且股价低迷时，权益投资者和债权投资者要求提高报酬率，但股票对资本市场的敏感程度高于债权，故部分投资者愿意选择债权方式而非股权投资方式。发行不同期限的债券，债务成本不同，期限较长的债券，债务融资成本较高，被投资企业将长期债券运用至时间长、规模大的投资收益，因投资收益的不稳定性，企业支付的债务融资成本偏高。融资成本是民营企业选择何种融资方式时考虑的重要因素，成本能够反映投入与产出，也将影响企业管理者对收益的判断，故融资成本对融资效率至关重要（见图4.2）。

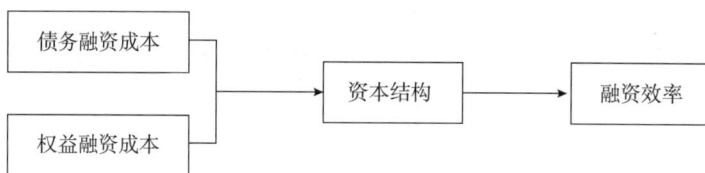

图4.2　融资成本与融资效率的关系

融资效率是衡量企业投入与产出的重要指标，由融资成本率和资金利用率构成。融资成本分为绝对融资成本和相对融资成本，此处指相对融资成本，在分析融资效率时运用，即债务融资成本的加权平均。一般融资成本，指企业的相对融资成本，企业融资成本与融资效率负相关，即企业融资成本越高，企业融资效率越低。企业在进行筹资时，均衡考虑债务融资与权益融资，以合理安排资本结构，而优化的资本结构，对提高企业融资效率起到关键作用。资本结构需考虑融资成本及投资项目的收回期限、回报率等，优化资本结构，使综合资本成本最优。考虑收入与成本的配置，进行合理决策，获得最大的投入与产出比，即获得高效的融资效率。企业根据债务与权益两种融资方式的融资成本，选择合理的融资结构，在降低成本的同时，降低交易的财务风险与经营风险。同时，根据企业资产的特征，进行资源的合理配置，使各种资金根据其自身状况得到合理利用，提高资金的使用效率，进而获得较高的经济利益，提高企业融资效率。

4.3　本章小结

本章首先分析企业信用与融资成本的相关性，发现企业信用能够直接影响企业债务融资成本，先从理论层面分析企业信用对融资成本的影响，再选择 2012~2018 年新发行债券的民营企业进行实证分析，以验证企业信用对融资成本的具体影响。其次通过分析融资成本与融资效率的影响机制，得出融资成本能够直接影响融资效率，在企业信用影响融资成本，而融资成本又直接影响融资效率的基础上，得出企业信用能够影响企业融资效率。三者的具体逻辑关系分析如下：

第一，企业信用影响债务融资成本，进而影响债务融资结构。融资成本是企业为实现融资而发生的与筹集资金相关的费用及支付给资金提供者相应的资金占用费，企业在获得外部融资时，需要考虑融资利率、代理成本、营销成本等，以确定最后的实际融资额。而企业信用对融资成本的影响，主要从企业信用影响信息不对称程度、企业信用影响交易成本、企业信用影响融资结构的角度进行分析，认为企业管理者与企业投资者、客户、供应商等外界机构存在信息不对称，企业管理者真正了解企业的运营情况，企业信用评价从全面、客观的角度分析评价企业的真实情况，能够缓解企业涉及的各个利益主体的信息不对称问题。企业信用能真实地反映企业的状况，当各方相关利益主体了解到企业的真实情况后，根据自己的意愿对企业进行投资等决策，能够更客观、全面地进行思考，减少相关利益主体的交易成本。在债券融资中，信用评级的上升能够帮助相关利益主体选择成本低、收益高的决策，信用评级的下降能够使相关利益主体选择成本高、收益低的决策，企业投资者根据信用评级情况，选择合理的投资方式，从而使企业具有较合理的融资结构。

第二，企业信用对债务融资成本的具体实证影响。本书选取企业信用、企业规模、企业运营状况、总资产收益率、单位资产现金流入和金融机构贷款率六个指标进行研究发现，自2009年起，民营企业信用评级的标准差呈递减趋势，说明信用评级差异在逐渐缩小，各行业民营企业的信用评级呈现客观公正的评级模式，且随着经济的不断发展，各民营企业具有较好的发展态势，信用评级呈上升趋势。企业信用评级与企业债务融资成本负相关，企业信用评级能够反映企业整体运营状况、政府及相关利益主体对企业的评价、违约风险的大小等，当信用评级较高时，企业债权人、政府等中介机构、相关利益相关者对企业予以较高的信任度，愿意以较低的投资报酬率对其进行投资，以获得较为稳定的投资收益，故企业债务融资成本较低。债务成本涉及企业与银行等金融机构的长期合作关系、企业发行债券所支付的利率及筹资费用等，涉及范围较广，信用评级能够从多方面反映债务融资成本，并对债务融资成本产生直接影响。

第三，企业融资成本决定债务融资结构，进而影响融资效率。企业债务融资可以给企业带来财务杠杆效应，在企业盈利水平高于债务利率时，增加债务融资可提高净资产报酬率，而当企业盈利水平低于债务利率时，企业因不能到期偿还债务本金及利息等，使企业的财务风险大幅增加。债务融资具有抵税效应，而权益投资收益率不稳定，权益投资属于高风险高收益的项目，企业相应支付给权益投资者的资金报酬较高，使得权益融资成本高于债务融资成本。鉴于此，企业需要根据投资项目、融资来源及融资成本等，具体分析企业资金使用效率，通过不同融资方式获取资金，形成合理的融资结构。融资包括资金的融入与融出，资金效率包括获得资金的成本利率及资金利用率，资金成本率反映企业获得资金所支付的利息、手续费等相关费用与获得资金的比例，主要反映企业融资过程中，发生的各项融资成本与实际获得的融资额，融资成本的大小直接决定了融资成本率的高低，因此，企业债务融资成本直接影响债务融资效率。

第四，企业信用影响融资成本，进而影响融资效率。企业信用影响债权融资中信用风险的大小，企业信用评价能够向市场传递企业的信用状况及信用风险，使得企业在进行筹资决策时，选择较低的融资成本，进而实现企业价值最大化，即企业信用评价能够影响其融资成本。企业信用评价或者债券限制性发行条件等，影响企业债权融资渠道，进而影响企业融资结构决策。融资包括资金的融入和融出，融资效率分为债务融资资金成本率和企业资金利用率，获得融资所支付的相关费用与融资金额的比例为融资成本率，企业投资获得的收益与净融资额的比例为资金利用率，融资成本的大小直接影响融资资金成本率与资金利用率的大小，因此融资成本是衡量融资效率的重要因素。企业信用影响融资成本的高低，在评价企业融资效率时，优先从企业信用的角度。对企业的融资来源及最优资本结构进行分析。选择合理的融资方式，进而决定融资成本的大小，以较低的资金成本率，获得较高的资金利用率，将融资效率提高到最大化，从而实现企业价值最大化。

　　本章通过理论分析企业信用如何影响债务融资成本，进而影响债务融资结构，本书选取企业信用、企业规模、企业运营状况、总资产收益率、单位资产现金流入和金融机构贷款率六个指标具体分析企业信用对债务融资成本的具体实证影响，分析得出，企业信用能够影响融资成本。企业融资通常由债务融资和股权融资构成，企业在进行融资时，考虑两种融资方式的融资成本，能够影响融资结构，进而影响融资效率。而企业信用能够影响融资成本，因此，企业信用能够影响融资效率。从影响因素的递进关系中，引出企业信用对融资效率的分析。融资包括资金的融入和融出，融资效率分为债务融资成本率和企业资金利用率，获得融资所支付的相关费用与融资金额的比例为融资成本率，企业投资获得的收益与净融资额的比例为资金利用率，融资成本的大小直接影响融资资金成本率与资金利用率的大小，融资成本是衡量融资效率的重要因素。企业信用与融资效率的具体关系，将在第 5 章对其进行详细分析。

第5章

企业信用、资金利用率与融资效率相关性分析

　　企业信用是衡量企业信用风险的重要指标，可以更直观、清晰地反映企业的信用状况，根据财务指标、企业生产运营状况、领导者管理水平及国家监管部门的评价等，对企业信用状况进行评级。信用评级能够从客观、公正的角度分析企业各方面的违约情况，能够很好地解决企业与企业管理者与投资者、政府及其他利益相关者之间因信息不对称而产生的道德风险与逆向选择。信用评级能使各方投资者根据自身承担风险的能力进行投资，企业管理者根据自身的发展规划选择合适的融资渠道，进而获得较低的资本成本，提高企业资金利率。然而，在对企业信用评级中会遇到种种障碍，主要是原有计划经济体制的观念仍然存在，企业相关利益者对信用评级持怀疑态度，使信用评级工作未发挥相应的作用，中国人民银行发布的《企业债券管理条例》目前仍停留在规章制度层面，且相关的评价指标体系未实际深入到企业的具体业务环节，评价因素不全面，使评级结果未能真实地反映企业的信用状况。信用评级是衡量企业信用风险的重要指标，在对企业进行信用评级时，很多被评级企业对信用评级存在不正确认识，出现尽各方努力争取达到最优评级的情况，从而无法真实反映企业的实际情况。目前，对企业信用的评级，主要根据财务指标、企业生产运营状况、领导者管理水平及国家监管部门的评价等，采用综合评判法、人工神经网络法、AHP 模糊层次分析

法、对定性和定量指标进行筛选评价法、Logistic 回归模型分析法、专家评判法等，因此，企业信用评级具有综合性、复杂性、时效性、可比性、服务对象的广泛性、简洁性等特点。为全面、客观地反映企业信用等级，本书采取主成分分析法（PCA）和二项 Logistic 模型，从企业内部管理水平、企业运营及发展等财务指标、政府机构对企业信用评判的角度进行分析，根据企业的各项指标进行筛选。PCA 模型主要是将众多相关的变量，转换成主要贡献、独立性较高的变量，在不减少原本变量数目的情况下，通过降低分析的复杂性，以清晰简便的方式，归纳影响企业信用的主要因素，再运用二项 Logistic 模型对具体变量进行分析。目前信用评级在国际上公认的评价指标如表 5.1 所示。

表 5.1　国际公认企业信用评价指标

因素	具体指标
5C	经济环境、品德、经营能力、资本、资产抵押
5P	企业前景、个人因素、还款来源、资金用途、债权保障
5W	借款用途、借款人、如何还款及担保质押物、还款期限
4F	经济、管理、组织、财务

国际公认的评价指标从企业所处的宏观经济环境、企业内部管理、企业高层管理者的个人素质、企业具体融资时所需的抵押或者质押物、企业生产运营及发展状况等各个环节对企业信用进行评级。根据国际公认的评价指标选取原则及标准，在指标选取中，本书根据民营企业的运营能力、发展能力、偿债能力等财务指标、企业内部管理水平、外部政府机构的评价等因素，具体评判民营企业的信用。

5.1 变量控制

1. 样本的选取及数据来源

企业债务融资包括向银行等金融机构的贷款融资与发行债券所获得融资，随着债券市场的不断发展，债券融资逐渐成为企业债务融资的主要方式，为更好地反映债券融资在企业融资中的重要性，应将发行债券的民营企业作为研究对象。截至 2008 年底，我国民营企业仅发行了 20 只债券，为更好地反映发债民营企业信用评级状况，本书选择 2012~2018 年发行的债券作为研究对象。本书选取 2012~2018 年在深圳证券交易所和上海证券交易所发行债券的民营企业作为研究对象，相关财务指标来源于 CSMAR 国泰君安数据库、RESSET 金融研究数据库、新浪财经、巨潮资讯网、企业年度审计报告等，定性指标来源于企业年度审计报告及财务报表附注。因部分企业在 2012~2018 年不具有持续发展能力，存在财务指标欠缺的年份，金融企业和首次发行股票企业的财务指标与正常企业的指标存在差距，故选择样本时，剔除各年度相关指标数据不齐全的民营企业，因 IPO 公司的业务与正常年份财务指标不一致，故剔除在此期间首次发行股票（IPO）的企业。剔除在 2012~2018 年个别变量不全的企业、剔除金融类上市公司，最终 2012~2018 年的样本量分别为 31 个、51 个、146 个、266 个、286 个、276 个和 341 个，共计 1397 个样本。

2. 信用评价指标的选取

企业信用指标的选取，遵循全面性、客观性和可操作性的原则，根据《巴塞尔新资本协议》的标准，企业的运转涉及企业内部员工至领导者、自身发展、社会利益相关者对其的评价等各个流通环节。银发〔2006〕95 号文指出：在传统的信贷融资模式中，为促进信贷评级机构在信贷市场和债券市场中的良好健康发展，信贷评级机构根据不同的行业制定对应标准，主要考察借款企业的领导者素质、经营管理能力、盈利能力、偿债能力和发展潜力等。为更全面地评价企业信用评级状况，本书从领导者素质、经营管理能力、盈利能力、偿债能力、发展潜力和信用水平这六个层面，分析企业的信用水平。传统的测量方法是信用评分法、专家判别法和计算违约概率法。本书采用信用评分法，对各个指标的评判标准，以 9 分制为基础，将各定性及定量指标进行归类和整理，并根据民营企业各行业的具体情况予以评分，判定企业的信用等级。民营企业具体信用评价指标体系的评判标准如表 5.2 所示。

表 5.2　民营企业信用评价指标体系

一级指标	二级指标	具体描述	评分标准
领导者管理水平	内部控制水平（X1）	领导者的经历、内部考评等	好：9 分 中：7 分 差：4 分
营运能力	应收账款周转率（X2）	营业收入/应收账款平均余额×100%	12 次以上：9 分 10~12 次：7 分 6~10 次：4 分 6 次以下：0 分
	存货周转率（X3）	销售成本/存货平均余额×100%	8 次以上：9 分 4~8 次：7 分 2~4 次：4 分 2 次以下：0 分
盈利能力	营业利润率（X4）	营业利润/营业收入×100%	$\geq$12%：9 分 [4%~12%)：7 分 [1%~4%)：4 分 < 1%：0 分
	净资产收益率（X5）	净利润/所有者权益×100%	$\geq$12%：9 分 [5%~12%)：7 分 [2%~5%)：4 分 < 2%：0 分

一级指标	二级指标	具体描述	评分标准
偿债能力	资产负债率（X6）	负债总额/资产总额×100%	（0%~20%]：9分 （20%~50%]：7分 （50%~70%]：4分 ＞70%：0分
	流动比率（X7）	流动资产/流动负债×100%	≥300%：9分 [120%~300%]：7分 [70%~120%]：4分 ＜70%：0分
发展潜力	总资产增长率（X8）	（年末资产总额–年初资产总额）/年初资产总额×100%	≥20%：9分 [6%~20%)：7分 [0%~6%)：4分 ＜0%：0分
	销售收入增长率（X9）	（年末销售收入–年初销售收入）/年初销售收入×100%	≥25%：9分 [6%~25%)：7分 [0%~6%)：4分 ＜0%：0分
信用水平	企业征信记录（X10）	0=一次及以上逾期记录 1=无信贷逾期记录	1：9分 0：3分
	高管个人征信记录（X11）	0=一次及以上逾期记录 1=无信贷逾期记录	1：9分 0：3分

5.1.1 运营能力评分与政府监管评分综合得分

1. 主成分分析法（PCA）

模糊层次分析法主要包括两个方面，一方面是运用层次分析法构建评价指标体系，全方位、多角度地考虑风险的影响因素；另一方面是对各层次的指标进行模糊评价，按照相对重要性对各层指标进行打分评价。层次分析法（AHP）产生于 20 世纪 70 年代，由美国运筹学家萨蒂（Saaty T. L.）正式提出，是将定性、定量指标运用于各个分析层次，综合、系统地对影响因素进行分析。模糊评价法产生于 1965 年，由美国学者查德

（Zadeh L. A.）首次提出，是运用模糊数学对各层次的指标进行综合分析。步骤是建立层次结构模型，将各因素进行总体分类，按照自上而下分成若干层，构造对比矩阵、计算各指标的权重、进行一致性检验和对信贷整体进行综合评价。

在实际问题分析中，发现许多相互之间具有一定相关性的因素共同对因变量产生影响，且这些因素存在多普勒骨牌效应，牵一发而动全身，使变量之间的相关性分析失去意义。为更好地分析自变量对因变量的影响程度，本书选择主成分分析法（PCA），将各个变量进行标准化处理，转变成数量较少且相对独立的综合变量，通过解决实际分析中因变量过多而产生的混乱复杂的问题，将相关变量进行综合整理，以较少的变量、更清晰的形式反映自变量对因变量的影响。具体操作步骤是将 N 个原始变量（x_1，x_2，…，x_n）用逐步迭代的方法进行线性组合，综合后的变量数量明显少于原始变量的数量，使用提取的主要成分进行分析。比如：将原始变量定义为 x_1，x_2，…，x_n，对原始变量进行综合后的变量为 z_1，z_2，…，z_m（m≤n），具体情况如式（5.1）所示。

$$\begin{cases} z_1 = k_{11}x_1 + k_{12}x_2 + \cdots + k_{1n}x_n \\ z_2 = k_{21}x_1 + k_{22}x_2 + \cdots + k_{2n}x_n \\ \qquad\qquad \cdots\cdots \\ z_m = k_{m1}x_1 + k_{m2}x_2 + \cdots + k_{mn}x_n \end{cases} \qquad (5.1)$$

式（5.1）需要满足以下条件：

第一，z_i 与 z_j（$i \neq j$，i，j=1，2，…，m）

第二，z_1 是在各原始变量 x_1，x_2，…，x_n 进行的线性组合中，方差最大的线性组合；z_2 是与 z_1 不相关的 x_1，x_2，…，x_n 的所有线性组合中方差最大的线性组合。

本书采用主成分分析法和二项 Logistic 回归模型，这两个模型相结合，使模型具有较高的稳定性，本书从领导者管理水平、营运能力、盈利能力、偿债能力、发展潜力和信用水平的角度，使用内部控制水平、应收账款周转率、存货周转率、营业利润率、净资产收益率、资产负债率、流动比率、总资产增长率、销售收入增长率、企业征信记录、高管个人征信记录共11个指标进行详细分析，从财务运营状况和政府监督评价的角度分析企业的信用等级水平。因影响民营企业信用评价指标体系的变量较多，本书采用主成分分析法对各变量指标进行降阶处理，根据主成分分析法的步骤，首先对各变量进行标准化处理，以消除因计量单位的不同而产生的误差影响，然后使用标准化后的数据构建相关矩阵，选择影响民营企业信用的主要相关指标，在主成分分析中，先提取主成分变量，再根据主成分的贡献率，选取主要的相关影响指标（见表5.3）。

表5.3　主成分的贡献率

序号	初始特征值			提取平方和载入		
	合计	方差的贡献率%	累计贡献率%	合计	方差的贡献率%	累计贡献率%
1	3.009	21.585	21.585	3.009	21.585	21.585
2	2.563	20.957	41.542	2.563	20.957	41.542
3	2.094	12.317	53.859	2.094	12.317	53.859
4	1.651	12.711	66.569	1.651	12.711	66.569
5	1.546	10.094	76.664	1.546	10.094	76.664
6	1.082	7.367	83.131	1.082	7.467	83.131
7	0.516	6.036	89.067			
8	0.325	1.900	90.967			
9	0.270	1.233	92.200			
10	0.055	0.725	92.925			
11	0.016	0.108	93.033			

由表5.3可知，标准化后相关系数矩阵的特征值等于主成分得分的方差，前六项的累计贡献率超过了75%的标准，达到了83.131%，并按照从高到低的顺序排列，故在进行回归分析时应选择前六项主要成分进行分析。对11个财务指标构建前六项进行标准化处理，得到主成分系数如表5.4所示。

表 5.4　标准化主成分系数

	1	2	3	4	5	6
X1	0.124	0.128	−0.072	−0.132	0.431	−0.187
X2	0.176	−0.027	0.325	0.037	0.227	0.319
X3	−0.034	−0.004	0.319	−0.307	−0.310	0.046
X4	−0.134	0.250	0.057	0.154	−0.027	0.178
X5	−0.175	0.193	0.116	0.337	−0.194	−0.296
X6	0.199	0.141	−0.139	−0.171	0.383	0.362
X7	0.237	0.193	−0.052	−0.203	0.200	−0.135
X8	0.030	0.213	−0.163	0.403	−0.131	−0.213
X9	0.214	0.098	−0.107	0.147	0.036	0.308
X10	0.228	0.167	0.030	0.031	0.125	−0.116
X11	−0.073	0.233	0.042	−0.052	−0.371	0.171

由表 5.4 可知，根据主成分的贡献率程度，对 11 个相关指标进行相互组合，构成 6 个主要指标，从企业生产运营及政府监督评价的角度，分析企业信用评级状况。标准化主成分分析情况如下：

$$Y_1 = -0.124 X_1^* - 0.176 X_2^* + 0.034 X_3^* + 0.134 X_4^* + 0.175 X_5^* - 0.199 X_6^* - 0.237 X_7^* + 0.03 X_8^* + 0.214 X_9^* + 0.228 X_{10}^* + 0.037 X_{11}^*$$

$$Y_2 = -0.128 X_1^* + 0.027 X_2^* + 0.004 X_3^* - 0.25 X_4^* - 0.193 X_5^* - 0.141 X_6^* - 0.193 X_7^* - 0.213 X_8^* + 0.098 X_9^* + 0.167 X_{10}^* + 0.233 X_{11}^*$$

$$Y_3 = 0.072 X_1^* - 0.325 X_2^* - 0.319 X_3^* - 0.057 X_4^* - 0.116 X_5^* + 0.139 X_6^* + 0.052 X_7^* + 0.163 X_8^* + 0.107 X_9^* - 0.031 X_{10}^* - 0.042 X_{11}^*$$

$$Y_4 = -0.132 X_1^* - 0.037 X_2^* + 0.307 X_3^* - 0.154 X_4^* - 0.337 X_5^* + 0.171 X_6^* + 0.203 X_7^* - 0.403 X_8^* - 0.147 X_9^* - 0.03 X_{10}^* + 0.052 X_{11}^*$$

$$Y_5 = -0.431 X_1^* - 0.227 X_2^* + 0.31 X_3^* + 0.027 X_4^* + 0.194 X_5^* - 0.383 X_6^* - 0.2 X_7^* + 0.131 X_8^* - 0.036 X_9^* - 0.125 X_{10}^* + 0.371 X_{11}^*$$

$$Y_6 = 0.187 X_1^* - 0.319 X_2^* - 0.046 X_3^* - 0.178 X_4^* + 0.296 X_5^* - 0.362 X_6^* +$$

$$0.135X_7^* + 0.213X_8^* + 0.308X_9^* + 0.116X_{10}^* + 0.171X_{11}^*$$

在对因子进行分析时，以相关系数矩阵为出发点进行分析，因此，在主成分表达式中，X_i^* 代表 x_i 按公式标准化后的数值。根据标准化后的主成分系数，将原有变量进行组合构建新的组合变量，具体代表情况如下所示：

Y_1 主要表达 X_7、X_{10} 的线性组合，反映民营企业偿债能力和企业信用记录。

Y_2 主要表达 X_4、X_{11} 的线性组合，反映民营企业盈利能力和高管个人信用记录。

Y_3 主要表达 X_2、X_3 的线性组合，反映民营企业经营管理能力。

Y_4 主要表达 X_5、X_8 的线性组合，反映民营企业盈利能力和发展潜力。

Y_5 主要表达 X_1、X_6 的线性组合，反映民营企业领导者素质和偿债能力。

Y_6 主要表达 X_2、X_6、X_9 的线性组合，反映民营企业偿债能力和发展潜力。

2. 二项 Logistic 回归模型分析

在二项 Logistic 回归模型中，通过 Wald 统计量分析回归模型中各项系数的显著性水平，当 Wald 统计量对应的显著性水平小于 5% 时，说明回归系数不显著，拒绝该系数对企业信用产生影响的原假设，当 Wald 统计量对应的显著性水平大于 5% 时，说明回归系数显著（见表 5.5）。

表 5.5　标准化主成分系数

变量	B	S. E.	Wald	df	Sig.	Exp（B）
Y1	0.209	0.251	0.719	1	0.421	0.006
Y2	0.513	0.398	1.568	1	0.219	0.019
Y3	0.071	0.349	0.013	1	0.307	0.431
Y4	0.669	0.487	2.531	1	0.109	0.009
Y5	0.121	0.343	0.078	1	0.643	0.044
Y6	0.534	0.389	0.862	1	0.321	0.013
C	0.698	4.547	0.040	1	0.807	0.007

在二项 Logistic 回归模型分析中，采用逐步向前回归迭代的顺序进行

逐步分析，直到最大似然对数稳定。我国民营企业涉及范围较广，且企业信用的评级来源于企业自身的经营状况、企业运转水平、财务核算指标、企业内部管理状况及我国政府宏观层面对民营企业信用记录的核实等多方面。企业的经营管理水平主要体现在企业运转及财务指标上，故企业经营水平对民营企业信用评级的影响较小。根据回归分析结果，估计的 Logistic 回归模型如下：

$$\ln \frac{P}{P-1} = 0.698 + 0.209Y_1 + 0.513Y_2 + 0.669Y_4 + 0.121Y_5 + 0.534Y_6$$

$$P = \frac{1}{1 + e^{-(0.698 + 0.209Y_1 + 0.513Y_2 + 0.669Y_4 + 0.121Y_5 + 0.534Y_6)}}$$

在二项 Logistic 回归模型中，事件的概率能够反映民营企业的信用状况，回归系数表示自变量每变动一个单位所引起的 $\ln \frac{P}{P-1}$ 的变动量。P 值可以反映企业的信用状况，范围为 [1，10]，当 P 接近 1 时，说明企业信用状况较好，而当 P 接近 0 时，说明信用状况较差，为更清晰地判断民营企业的信用情况，可将相关指标代入模型进行分析。为与我国企业信用评级标准进行接轨，本书将企业信用评级标准划分为 AAA、AA、A、BBB、BB、B、CCC、CC、C 共 9 级，评分范围为 1~9 分，具体赋值标准如表 5.6 所示。

表 5.6　信用评级赋值表

标准	AAA	AA	A	BBB	BB	B	CCC	CC	C
赋值	9	8	7	6	5	4	3	2	1
P 值	[0.85~1)	[0.7~0.85)	[0.6~0.7)	[0.5~0.6)	[0.4~0.5)	[0.3~0.4)	[0.2~0.3)	[0.1~0.2)	[0~0.1)

根据上述分析的 Logistic 回归模型系数，将 1397 个样本数据代入模型公式，计算企业的 P 值，再根据信用评级赋值表，对各企业的信用评级进行赋值，以确定各行业民营企业的信用评级。将 P 值的计算公式代入企业的财务指标，根据信用评级赋值表，计算企业信用评级。企业信用评级涉及企业性质、行业状况、企业生产经营运转状况、企业内部管理水平、政

府等社会中介机构对企业信用的评价等，对不同性质的企业进行大致分析，如表 5.7 所示。

表 5.7 国有企业与民营企业信用评级的对比分析

	N	极小值	极大值	均值	标准差
民营企业	1397	1	11	7.7616	1.0790
地方国有企业	6211	4	11	8.7123	0.8724
中央国有企业	1498	4	11	9.1276	0.7874

由表 5.7 可知，信用评级均值按照从高到低的顺序排列，依次为中央国有企业、地方国有企业以及民营企业，这说明受我国原有的计划经济体制影响，国有企业在行业状况、企业生产经营运转状况、企业内部管理水平、政府等社会中介机构对企业信用的评价方面优于民营企业，社会各界对国有企业的认可度高于民营企业。标准差按照从高到低的顺序排列，依次为民营企业、地方国有企业以及中央国有企业，这说明中央国有企业信用评级分散程度较为集中，企业之间的信用评级差距较小，其次是地方国有企业，民营企业的信用评级较为分散，因各行业的民营企业发展状况差异较大，使民营企业的信用评级较为分散。

5.1.2 企业融资效率

企业资金利用率与企业融资收益率相关。企业融资收益率是企业将融通资金进行投资取得的收益与融资成本进行配比，分析单位融资成本所获得的回报。在经济学中，各利益主体为实现自身利益的最大化，进行激烈竞争，而效率是决定竞争结果的重要因素。马克思提出效率是产出与投入的比率，帕累托认为效率是资源的优化配置。成本收益率从微观层面，直接反映企业的投入所获得的回报，资源配置效率从宏观层面，反映社会整体资源的收入与投入情况。民营企业进行融资，优先考虑内部融资，民营企业因规模有限、自有资金难以支撑企业长远持续发展，故主要采用向银行等金融机构借款、发行债券和股权融资等方式。民营企业因自身规模较小等原因，难以达到上市条件，故存在很多未上市的企业，所以债务融资是民营企业融资的主要渠道。民营企业的融资收益率取决于支付的融资成本与获得的收益，在能够获得融资的前提下，尽量缩减企业融资成本，这样能够节约企业的开支，获得相应资金，以较少的融资成本获得资金，进行投资后获得更高的收益，在这种方式下企业可获得较高的融资收益率，更能体现企业合理的资源配置，各部分资金获得较高的收益，使企业整体收益提高。企业融资收益率涉及企业成本与收益两个方面，为更好地反映企业的融资收益率，应综合考虑融资成本率和资金利用率，具体分析如下：

1. 融资成本率

我国政府出台的有关民营企业债务融资的政策和法律法规——《关于促进中小企业发展实施意见》（中办发〔2019〕24 号），为中小企业融资平台建设提供了制度保障，创造了较好的融资环境，从制度层面有效地促进了中小企业的长远持续发展。融资成本包括企业为获得融资所支付的利息及相关所有费用，因各行业民营企业的融资规模不同，为较为客观地反映融资成本，应对比分析企业各种融资方式的加权平均资本成本。因企业信用对企业向银行等金融机构贷款及发行债券有较大关系，且债务融资是民营企业融资的主要渠道，故选择借款与债券融资成本的加权平均数为融资成本，其中借款融资成本为"利息支出/借款总额"，而债券融资成本主要包括发行债券等筹资费用、债券利息等，因债券利息具有抵税作用，故选择税后债券利息支出作为融资成本的计算依据。因企业发行债券的筹资费用较高，故必须考虑筹资费用对融资成本的影响。我国民营企业对发行债券主要采用一次还本、分期付息的支付方式，故债券融资成本的计算公式为"［债券票面价格×债券资金成本率×(1-所得税税率)］/［债券发行价格×(1-筹资费用率)］"。因各行业的民营企业可以根据自身企业情况较为灵活地筹资费用，为统一核算要求，本书将企业所得税税率统一为 25%，筹资费用率统一为 3%。企业债务融资分为向银行等金融机构的借款融资及发行债券融资，故债务融资应为向银行等金融机构的借款融资与企业债券融资的加权平均资本成本。

2. 资金利用率

资金利用率，即投入资金的收益率。因企业管理者在进行投资决策时，需要考虑企业的综合收益，且很多收益具有滞后性，因此，在企业投入资金的前期，往往是投入大于收益，随着企业投资时间的增加，所有的投资可能在几年之后才获得报酬，最初投资年份仅存在投入而未获得报酬，各阶段投入资金获得的收益大不相同，因此，无法根据企业投资情况分析资金利用率。资金的利用情况随着企业项目的逐步推进，在各个环节予以应用，为项目的各项支出所利用，而投入资金在短期内未得到回报。

资金利用率随着总资产收益率的变动而同向变动，总资产收益率从整体层面核算企业投入与收益的比重，企业管理者可根据总资产收益率情况决定此项目是否值得进行投资等，同时也能看到企业整体的盈利情况，反映企业获得收益与投资成本之间的大致关系。在企业资本结构中，负债融资为主要融资方式，故总资产收益率作为衡量民营企业资金收益率的替代变量，根据企业信用评级情况，考虑民营企业信用对资金利用率的影响。对企业资金利用率的评价中，根据以往学者的分析，主要的评价方法为模糊综合评价法、数据包络分析法、熵值法和线性回归等，因众多行业的民营企业因自身规模、发展状况等因素各不相同，为更直观地反映影响企业资金利用率的相关因素，本书运用 SPSS 软件和 EViews 软件采用多元回归分析法进行分析。

5.2　计量分析

5.2.1　理论分析与假说

我国企业信用评级分为九个等级，分别为 AAA、AA、A、BBB、BB、

B、CCC、CC、C。当企业管理者的独立性、企业经营状况、偿还债务能力、政府等社会各界对企业进行监督评价等各方面水平较高时，企业的信用评级越高，信用评级越能够反映企业的偿债能力及违约风险，较高的信用评级说明企业信用状况较好，能够及时、足额地偿还债务，对企业利益相关者违约的可能性及违约比例较低。企业信用评级可以从企业生产运营、内部监管和政府等利益相关者的角度显示企业遵守约定履行相关义务的情况，以全面、客观地分析企业的信用状况。投资者在真实客观地了解企业信用状况后，根据自身能够接受的投资报酬率及愿意承担的风险等情况进行投资，企业根据自身实际发展情况等，选择能够及时、足额偿还的债务，及能够承担的融资成本。企业管理者与企业债权投资者在对企业实际情况进行分析后，对愿意承担的风险及相关还款能力、债务融资承担等进行双向选择，从而降低了融资成本的违约风险等。投资者因面临较小的风险，因此要求的投资回报率相对较低，进而使债务融资成本较低，企业管理者在获得较为合理的融资后，形成合理的资本结构，在企业承担相关风险的范围内，合理利用资金进行充分投资，以期获得较高的收益，进而提高资金利用率。根据以上分析，提出假说 1。

假说 1：信用评级越高，债务融资成本率越低，资金利用率越高。

发行债务的规模越大，企业融资结构中负债水平越高，相应的利息支出及手续费支出等越高。债务融资在企业融资中占据主要位置，说明企业能够获得银行等金融机构及债权人的信任。企业大规模地进行债务融资，而债务融资具有较强的时限性，当企业融资成本中债务融资较多时，说明企业按时偿还债务的能力较强，且债务具有较强的流动性，投资者对企业比较信任时，要求获得的投资收益率较低，进而使得债务融资成本较低。经前文分析，我国民营企业债务融资中，债券融资逐渐占据较大比重，成为主要的债务融资方式。债券流动性是指市场平稳无剧烈波动时，且在债券价格无大幅变动时，为优化资源配置效率，企业发行大量债券。因债券流动性较好，企业投资者要求的回报率相对较低，进而使债务融资成本较低，资金利用率则越高。根据以上分析，提出假说 2。

假说2：发债总额越大，债务融资成本率越低，资金利用率越高。

一般情况下，发行债券的期限越长，企业债券的流动性越低，投资者要求的报酬率相对较高，进而债务融资成本越高。企业债券的流动性，指收回债券的容易程度、获得债券投资收益的及时性、稳定性，当企业债券的流动性较高时，企业能够较及时收回债券，并获得稳定的债券投资收益，而当企业债券的流动性较低时，企业不能及时收回债券，且债券投资收益不稳定。因部分债券设置特殊条款，如提前偿还债券、投资人具有回售权、调整票面利率等，这些条款会增加企业债券的发行成本。当企业获得较长期限的债务融资时，获得融资的近段时间内，偿还债务的压力较小，企业管理者能够根据企业投资项目规划，结合自身实际情况，选择收益较高、时限偏长的投资项目，进而获得较高的投资回报率。根据以上分析，提出假说3。

假说3：发行债券的期限越长，债务融资成本率越高，资金利用率越高。

外部投资者在判断被投资企业的财务状况时，资产负债率是判断企业优劣的重要标准，当企业资产负债率较高时，企业向外部传递企业发展状况良好的信号，表明企业的信用状况较好。银行等金融机构发放贷款、企业发行债券需要遵循严格的程序，对企业各方面指标的要求比较高。在企业融资结构中，当债务融资占据较大比例时，说明企业能够获得较多的债务融资，并且有能力及时、足额地偿还债务，具有较强的偿债能力。债权人在对企业进行投资时，发现企业的资产结构中，负债比重较高，这表明企业管理者在获得资金进行投资时，首先需要衡量自身是否能够及时足额地偿还债务，当面临较大的还款压力时，企业管理者会慎重指定其投资决策，从而使债权投资者能够约束企业管理者进行合理投资，选择有利于债权人的投资方式。此外，当企业内部管理层付出了更多努力，并看到企业发展的良好态势，也会增加其对企业的股权投资，进而扩大企业总资产的规模。可见，当企业偿债能力增强时，企业债权投资者认为企业具有较好的发展状况，愿意获取较少的投资收益进行债权投资，从而使民营企业债务融资成本降低，资金利用率则越高。根据以上分析，提出假说4。

假说 4：偿债能力越强，债务融资成本率越低，资金利用率越高。

单位资产经营活动现金流入能够较直接地反映企业的财务状况与发展实力，是衡量企业运营和发展的重要指标，一般情况下，企业归还债务及相应利息及费用时，往往采用税后利润归还，利润越高，企业的偿债能力越强、违约风险越小，债权人本金及利息的保障程度越大。单位资产经营活动现金流入能够反映企业的投入与收益比重，当企业投入的成本获得较多现金流时，企业在弥补固定资产等设备投资的基础上，赚取相应利润，为企业的可持续发展奠定了基础。根据以上分析，提出假说 5。

假说 5：财务状况越强，债务融资成本率越低，资金利用率越高。

营运能力体现企业流动资产、固定资产等运转状况，主要指应收账款周转率、存货周转率、流动资产周转率等，资产运转的越快，说明企业资产流动性较好，获取利润较高，企业的偿债能力增强。此外，企业资产的周转，从侧面反映企业的人力资源、信息技术、财务资源、管理水平等各方面指标协调配合程度，企业的短期、长期资产得到适当运用，企业呈现良好的发展模式。资源合理、高效地配置，使企业的投入获得较高的产出，增强企业的偿债能力，企业投资者根据企业的运营状况判断其愿意承担的风险，因收益与风险的对立性，企业债权投资者要求的到期收益率较低，故民营企业债务融资成本较低，资金利用率则越高。根据以上分析，提出假说 6。

假说 6：营运能力越强，债务融资成本率越低，资金利用率越高。

反映企业发展能力的指标主要有总资产增长率、营业收入增长率、营业利润增长率等，当企业的总资产、收入总额、利润总额在逐年增长时，企业向市场传递其具有较好的市场发展前景。企业通过自身的生产经营，逐渐积累资本并进行扩张，在特定的资源环境、宏观市场经济条件下，当企业自身经营发展状况较好时，企业突破自我进入生命周期的各个环节，并根据自身的财务状况进行筹资。企业发展能力能够反映企业资产增值情况，当企业发展能力较强时，企业债权投资者对企业具有较强的信心，认为企业的违约风险较低，故投资者要求相对较低的投资收益率，使得民营企业债务融资成本较低。企业呈现较好的增值发展态势，说明企业的资源得到合理利用，各部分资金能够充分地发挥其自身价值，提高了资金的利用率。根据以上分析，提出假说7。

假说7：发展能力越强，债务融资成本率越低，资金利用率越高。

5.2.2 样本的来源与变量选取

截至2008年底，我国民营企业仅发行了20只债券，为更好地反映发债民营企业融资收益率的影响因素，本书选取2012~2018年在深圳证券交易所和上海证券交易所发行债券的民营企业作为研究对象，财务指标来源于CSMAR国泰君安数据库、RESSET金融研究数据库、新浪财经、巨潮资讯网。剔除各年度相关指标数据不齐全的民营企业，2012~2018年的样本量分别为31个、51个、146个、266个、286个、276个和341个，共计1397个样本。在选择样本时，因IPO公司的业务与正常年份财务指标不一致，故剔除在此期间首次发行股票（IPO）的企业、剔除在2012~2018年个别变量不全的企业、剔除金融类上市公司，剩余的样本量为1397个。

为更全面地反映民营企业的融资收益率，本书从融资的债务资金成本率和资金利用率这两个角度进行分析，债务融资成本率根据债券融资成本与债务融资成本的加权平均值确定，全面地反映企业从银行等金融机构借款融资与发行债券融资这两种主要融资渠道的债务资金成本率，资金利用率用平均资产报酬率代替。从企业信用评级、发债总额、债务期限、偿债能力、盈利能力、运营能力和发展能力的角度，分析其对民营企业融资收益率的影响。解释变量与被解释变量代表的含义如表5.8所示。

表5.8 各变量的含义及公式

	变量	含义	计算公式
被解释变量	Y1	债务资本成本	票面价格×债券资本成本×（1−所得税税率）/发行价格×（1−筹资费用比率）
被解释变量	Y2	资金利用率	净利润/平均资产总额

	变量	含义	计算公式
解释变量	X1	信用评级	5.1.1 的计算分析
解释变量	X2	发债总额	ln（发债总额）
解释变量	X3	债务期限	发行债务的期限
解释变量	X4	偿债能力	负债总额/资产总额
解释变量	X5	财务状况	经营活动现金流入/企业资产总额
解释变量	X6	营运能力	销售收入/应收账款期初与期末余额的平均数
解释变量	X7	发展能力	主营业务收入增长率

5.2.3　描述性统计分析

为更好地反映企业解释变量、被解释变量的集中趋势和离中趋势，且由于我国企业在 2012~2015 年发行的债券较多，2012~2018 年发行债券样本的描述性统计分析如表 5.9 所示。

表 5.9　各变量的描述性统计

变量	N	最小值	最大值	均值	标准差
Y1	1397	0.0090	0.1400	0.0641	0.0153
Y2	1397	0.0015	0.0979	0.0235	0.0181
X1	1397	1.0000	11.0000	7.7560	1.0884
X2	1397	−2.3026	5.9915	1.9137	1.0794
X3	1397	0.5000	20.0000	2.5300	2.0100
X4	1397	0.1790	0.8552	0.5755	0.1491
X5	1397	0.0117	2.3109	0.3948	0.3166
X6	1397	1.0320	2.4178	1.3999	0.7141
X7	1397	−0.9990	2.1515	1.6969	0.9236

由表 5.9 可知，民营企业债务融资成本的均值为 0.0641，最小值为

0.0090，最大值为0.1400，说明我国民营企业债务融资成本存在较大差异。债务融资成本的标准差大于均值，说明部分民营企业获得的债务成本较高，且债务成本的波动性逐渐增加。资金利用率的最大值为0.0979，最小值为0.0015，均值为0.0235，说明民营企业间资金利用率程度相差不大。信用评级的均值为7.7560，最大值为11，最小值为1，说明民营企业信用评级差异较大，即民营企业因自身发展状况等原因，导致企业的信用风险相差较大。对发债总额取自然对数，最小值为-2.3026，发债额为0.1亿元，最大值为5.9915，发债额为400亿元，因企业自身规模及业务发展需求不同，发债额存在较大差异。发债期限最长为20年，最短为半年，企业根据偿还债券能力等状况确定债券期限。偿债能力的最大值为0.8552，最小值为0.1790，均值为0.5755，说明企业债务融资为主要融资渠道。财务状况的最大值为2.3109，最小值为0.0117，均值为0.3948，说明不同民营企业的盈利能力相差较大。营运能力的最大值为2.4178，最小值为1.0320，均值为1.3999，说明民营企业资产的运转状况较好。发展能力的最小值为-0.9990，最大值为2.1515，均值为1.6969，说明不同企业因自身状况的不同，发展能力存在较大差别。

5.2.4　各变量之间的相关性分析

被解释变量与解释变量之间、解释变量与解释变量之间的相互关系可根据相关系数分析进行判断，结果如表5.10所示。

表5.10　各变量的相关性分析

变量	相关性检验	Y	X1	X2	X3	X4	X5	X6	X7
Y1	Pearson 相关性	1							
	显著性（双侧）								
Y2	Pearson 相关性		1						
	显著性（双侧）								

续表

变量	相关性检验	Y	X1	X2	X3	X4	X5	X6	X7
X1	Pearson 相关性	-0.195 **	1						
	显著性（双侧）	0.000							
X2	Pearson 相关性	-0.227 **	0.200 **	1					
	显著性（双侧）	0.000	0.000						
X3	Pearson 相关性	0.058 *	0.048	0.218 **	1				
	显著性（双侧）	0.030	0.070	0.000					
X4	Pearson 相关性	0.046	-0.089 **	0.313 **	0.032	1			
	显著性（双侧）	0.087	0.001	0.000	0.936				
X5	Pearson 相关性	-0.027	0.079 **	0.042	0.004	0.001	1		
	显著性（双侧）	0.007	0.003	0.006	0.009	0.002			
X6	Pearson 相关性	0.037	-0.005	-0.017	0.017	0.022	0.13	1	
	显著性（双侧）	0.002	0.009	0.002	0.007	0.004	0.005		
X7	Pearson 相关性	0.051	-0.014	0.004	0.050	0.052	0.047 *	0.102 **	1
	显著性（双侧）	0.006	0.007	0.002	0.003	0.001	0.025	0.000	

注：** 表示当显著性水平为 0.01 时，统计检验的相伴概率值小于等于 0.01；* 表示当显著性水平为 0.05 时，统计检验的相伴概率值小于等于 0.05，数据的旁边没有星号，表示无显著相关性。

由表 5.10 可知，在 5% 的显著性水平下，解释变量与被解释变量之间、解释变量与解释变量之间的显著性水平均低于 5%，说明各解释变量均对被解释变量存在影响，可进行回归分析。

5.2.5 单位根检验

如果一些变量为非平稳时间序列，即使本身并不存在直接相关性，在回归分析中也会产生较高的拟合优度，但实际上并不能构成回归分析，进行回归分析不存在任何实际意义。为保证数据的准确性和有效性，需对时间序列进行单位根检验，以检验其平稳性。单位根平稳性检验的结果如表

5.11 所示。

表 5.11　各变量 ADF 检验结果分析

变量	t 统计量	Prob.	1%	5%	10%
Y1	−9.586388	0	−3.434842	−2.863411	−2.567815
Y2	−7.1267026	0	−3.434825	−2.863404	−2.567811
X1	−38.08437	0	−3.434825	−2.863404	−2.567811
X2	−7.957529	0	−3.434848	−2.863414	−2.567817
X3	−35.35805	0	−3.434825	−2.863404	−2.567811
X4	−34.70473	0	−3.434825	−2.863404	−2.567811
X5	−35.93231	0	−3.434825	−2.863404	−2.567811
X6	−37.45993	0	−3.434825	−2.863404	−2.567811
X7	−37.46617	0	−3.434825	−2.863404	−2.567811

经分析，各变量的原序列分别在 1%、5%、10%的显著性水平下均能通过 ADF 单位根检验，说明各变量均为平稳变量，不存在单位根，故可建立回归模型进行分析。

5.2.6　回归分析

1. 模型拟合度

在回归分析中，需要对模型的拟合优度进行分析，一般情况下，当模型的拟合优度大于70%时，即说明回归效果较好（见表 5.12）。

表 5.12　模型拟合度

	模型	平方和	df	均方	F	Sig.
1	回归拟合优度	0.791	7	0.005	22.097	0.000
	残差项	0.296	1397	0.000		
	总计	0.329	1397			

由表 5.12 可知，模型的拟合优度为 0.791，Sig. 等于 0.000，说明模型拟合较好，模型拟合的效果很好。

2. 回归分析

对各变量进行相关性分析、单位根检验后，发现变量之间无相关关系，且各变量呈稳定的发展态势，故可直接进行多元回归分析。在进行多元回归分析时，当模型拟合度较高时，回归分析中自变量对因变量的影响分析较为可靠。各自变量对因变量的具体解释程度分析如表 5.13 所示。

表 5.13 回归系数分析

	对资本成本的标准化系数		对资金利用率的标准化系数	
	系数	Sig.	系数	Sig.
（常量）	0.067	0.131		0.101
X1	−0.413	0.022	0.241	0.011
X2	−0.104	0.001	0.258	0.031
X3	0.522	0.002	−0.336	0.017
X4	−0.371	0.029	0.119	0.001
X5	−0.531	0.023	0.422	0.009
X6	−0.237	0.017	0.264	0.031
X7	−0.361	0.002	0.147	0.013

由表 5.13 可知，经相关性分析和单位根检验后，自变量对因变量的影响均显著，具体分析结果如下：第一，企业信用评级与债务融资成本负相关，与资金利用率正相关。当企业信用评级较高时，说明企业领导者管理水平、企业内部控制、生产运营状况及财务状况、政府等社会机构的评价等较高，债权投资者对企业的认可度较高，愿意以较低的投资回报率进行投资，使得企业能够以较低的成本获得融资。当企业较易获得融资时，能够合理地对融资额进行规划，使其发挥创造财富的价值，提高企业资金利用率。第二，发债总额与债务融资成本负相关，与企业资金利用率正相关。发债总额较大，说明企业资产具有较强的流动性，能够及时地清偿债

务，投资者能够对其进行短期投资，根据风险与收益对等原则，企业债权人愿意获得较低的报酬率，使得债务融资成本较低。债务融资是企业融资结构的主要方式，因债务融资具有抵税效应，企业可获得相对较高的税后利润，之后将利润进行再投资，使资金得到充分利用，提高企业资金利用率。第三，债务期限与债务融资成本正相关，与企业资金利用率正相关。当企业获得较长期限的债务融资时，因企业未来收益的不确定性，投资者以获取较高的报酬率来降低相关风险，为保证债券的及时收回，投资者设置限制性回售条款等限制性条件，这些均能提高企业债务融资成本。企业在获得较长期限的债务投资时，短期内无偿还贷款的压力，企业管理者可根据投资项目的期限、未来收益状况等，对投资项目进行多方面分析，从而获得较高的投资收益率，提高企业的资金利用率。第四，偿债能力与债务融资成本负相关，与资金利用率正相关。当企业具有较强的偿债能力时，即能够及时、足额地偿还债务，投资者能够获得稳定的投资收益，使得众多投资者愿意对企业进行投资，从而企业选择债务融资成本较低的债权人。企业偿债能力强，说明企业运作良好，资源得到合理配置，使得企业资金利用率较高。第五，财务状况与债务融资成本负相关，与资金利用率正相关。当企业具有较好的财务状况时，表明企业将资金合理利用，选择较好的投资项目进行投资，并获得较高的收益，社会各利益相关者对企业具有较高的认可度。根据高风险、高收益的原则，债权人若想获得较高的投资回报，需选择信用级别相对较差、企业未来收益不确定的企业进行投资，债权人未弥补其可能存在的风险，选择较高的投资回报率。而在实际投资中，较多的债权人选择收益相对稳定的企业，即企业信用评级较好且信用评级稳定的企业。债权人为获得稳定的投资收益，愿以较低的报酬率进行投资，企业在以较低的债务融资成本获得资金后，将资金运用到合适的投资项目，发挥其创造价值。第六，营运能力与债务融资成本负相关，与资金利用率正相关。营运能力反映应收账款周转情况、存货周转情况，存货和应收账款作为企业短期资产中的重要资产，能够反映企业日常经营运转中对流动资产的配置情况，当应收账款周转率较低时，说明企业应收账款的余额较大，企业的销售政策及收款政策存在缺陷，当应收账款周转率较高时，说明企业销售的汇款较好。存货周转率较高，说明企业对存货管理较好，而当存货周转率过高，存在存货储量不足以支持日常运转的情况，当存货周转率过低时，说明企业存货较多，未得到合理利用，存在浪费资源的可能。故存货周转率应根据企业生产周期、行业特点等情况保持在合理的范围内，不能出现存货过高或过低的现象。当企业运转效率较高时，说明企业资源得到合理配置，企业债权人愿意对其进行投资，企业将筹集到的资金进行投资，或者用于企业的运转，这提高了企业资金利用率。第七，发展能力与债务融资成本负相关，与资金利用率正相关。当企业发展能力较强时，说明企业未来具有较大的价值创造空间，债权人等相关利益主体认同企业发展观念，愿意对其进行投资。企业的发展能力是企业偿债能力、盈利能力、营运能力的综合，当企业具有较高的财务指标时，表明企业具有较好的发展。企业获得较低成本的债务融资后，将资金用于企业各项发展，使企业整体及各层面快速发展，提高了企业资金利用率。

5.3　本章小结

本章选取 2012~2018 年在深交所和上交所发行债券的民营企业作为研究对象，遵循全面性、客观性和可操作性的原则，从领导者素质、经营管理能力、盈利能力、偿债能力、发展潜力和信用水平这六个层面构建评价企业信用级别的相关指标，通过主成分分析法（PCA）和二项 Logistic 回归模型，计算民营企业的信用评级值，并与国有企业的信用评级值进行对比分析。企业融资收益率涉及企业融资成本率和资金利用率，企业信用评级与企业融资成本率和资金利用率的相互关系分析如下：

第一，国有企业的信用评级高于民营企业。企业信用评级涉及企业性质、行业状况、企业生产经营运转状况、企业内部管理水平、政府等社会中介机构对企业信用的评价等，受我国原有的计划经济体制影响，国有企业在行业状况、企业生产经营运转状况、企业内部管理水平、政府等社会中介机构对企业信用的评价方面优先于民营企业，社会各界对国有企业的认可度高于民营企业。中央国有企业的信用评级高于地方国有企业，主要是因为其受国家政府的宏观调控。在市场经济现代化中，中央国有企业虽逐步摆脱了原有计划经济体制，但外界利益相关者对中央国有企业的认可度较高，愿意对其进行投资、交易等，使中央国有企业具有较高的信用评级。

第二，企业的信用级别、发债总额与企业债务融资成本负相关，与资金利用率正相关。企业信用级别高，说明企业的生产运营状况、管理水平及政府等社会机构对企业的认可度较高，信用违约风险较小，民营企业债权投资者对企业的还款能力予以认可，愿意以较低的债权投资报酬进行投资，企业以较低的资本成本获得融资后，根据自身的投资计划进行投资，获得收益，从而提高资金利用率。发债总额较大说明企业债券的流动性较高，企业有能力按时、足额地偿还债务，即投资者能在较短的时间内获得收益，相应的风险较小，根据高风险、高收益的原则，当企业的风险较小时，债权投资者要求的收益率较低，民营企业相应的债务融资成本也较低。债务融资具有抵税作用，企业能够获得相对较高的利润，在总资产一定的情况下，企业获得较高的收益，即总资产收益率会增加，相应的资金利用率较高。

第三，企业发债期限与融资成本正相关，与资金利用率正相关。当企业发行债券的期限较长时，说明债券的流动性较弱，不能在较短的时间内变现，且随着时间的推移，外部宏观经济环境的不可预测性增加，债权投资者为合理保障自身的合法权益，要求较高的收益率。此外，发行长期债券的债权人，为保障自己的合法权益，对债券设置限制性回售条款、到期转为可转换公司债券等限制条件，使企业需要支付额外的相关费用，从而使债务融资成本增加。当企业获得较长期限的债务融资时，短期内不必面临较大的还款压力，企业管理者可根据企业的实际情况，对投资回报期较长，但从长远来看收益较高的项目，进行合理投资。企业管理者因短期内不必偿还贷款，因此，企业可将暂时闲置资金进行投资短期可获利项目，合理利用资金的机会成本，使资金能够更好地发挥其创造财富的价值，从而实现企业长远持续发展。可见，债务期限较长，民营企业相应的债务融资成本较高，相应的资金利用率高。

第四，企业的偿债能力、财务状况、营运能力和发展能力与企业债务融资成本负相关，与资金利用率正相关。企业这四个财务指标均反映企业自身的财务状况、经营状况和未来发展状况，当企业具有较好的自身发展时，有足够的盈利偿还债务，债权投资者愿意对其投资。企业资产的周转，能够反映企业的人力资源、信息技术、财务资源、管理水平等各方面指标协调配合程度，企业资源得到合理配置，各项资源能够充分发挥其自身价值，企业呈现良好的发展模式。资源合理、高效的配置，使企业的投入获得较高的产出，增强了企业的偿债能力，企业投资者根据企业的运营状况判断自身愿意承担的风险，因收益与风险的对立性，企业债权投资者要求的到期收益率较低，故民营企业债务融资成本越低，资金利用率则越高。

总之，本章从领导者素质、经营管理能力、盈利能力、偿债能力、发展潜力和信用水平这六个层面构建评价企业信用级别的指标体系，分析企业信用级别与融资效率的关系，融资效率是衡量企业投入与产出的重要指标，由融资成本率和资金利用率构成。通过实证分析发现：①企业的信用级别、发债总额与企业债务融资成本负相关，与资金利用率正相关；②企业发债期限与融资成本正相关，与资金利用率正相关；③企业的偿债能力、财务状况、营运能力和发展能力与企业债务融资成本负相关，与资金利用率正相关。企业信用评级涉及企业性质、行业状况、企业生产经营运转状况、企业内部管理水平、政府等社会中介机构对企业信用的评价等，我国民营企业涉及众多行业，信用级别对融资效率的具体影响如何，不同信用级别企业的融资效率之间的差异如何，本书第 6 章将予以具体分析。

不同信用评级的企业信用与融资效率的作用机理与影响路径分析

企业信用评级涉及企业领导者素质、企业内部管控水平、运营发展能力、政府及社会相关中介机构对企业的信用评价等，企业因行业、自身发展状况、国家宏观政策等因素的不同，使得不同性质的企业、不同行业的企业在企业信用级别方面存在较大差异。融资效率涉及融资的资金成本率和资金利用率，不同信用评级的民营企业在融资效率方面是否存在差异，产生差异的原因是什么？在企业性质不同的情况下，信用级别与融资效率的关系是怎样的？相同的信用级别是否会导致不同的企业融资效率呢？本书在这一部分将对此予以详细分析。

6.1 融资效率与企业信用评级的相关性分析

企业信用评级能够客观、公正、全面地反映企业违约风险。在日常生产经营活动中，筹资和投资是企业主要的资金处理活动，当企业进行筹资时，企业需向银行等金融机构支付借款利息及抵押或质押相关物品，发行债券向社会公众进行筹资时，需支付发行费用及相关利息，进行股权融资时需向股东支付分红等。企业在进行投资时，获得收益与支付资金的对应关系形成了资金利用率。经分析，我国众多行业的民营企业以债务融资为主要的融资方式，企业融资效率涉及债务融资成本率与资金利用率。我国民营企业因涉及行业不同、企业自身发展状况不同等，具有不同的信用等级。不同信用等级的融资效率具有哪些差别，相同信用级别而具有不同企业性质的融资效率具有哪些差别，详细分析如下：

6.1.1　不同信用评级的企业融资效率分析

民营企业涉及众多行业，各行业的发展规模、运营状况及财务状况等具有自身特点，根据信用评价指标体系将民营企业划分为 9 个主要信用级别，经统计可见：偿债能力很强、违约风险很低且受不利经济影响不大的，信用级别为 AA 级的民营企业较多，说明民营企业整体信用状况较好。以债务融资为主要融资方式的民营企业，在债务融资中以较低的成本获得融资，且以高效的资金利用率对此部分资金进行周转使用，以提高企业价值。各级信用级别企业的债务融资成本率（Y1）及资金利用率（Y2）的统计情况如表 6.1 所示。

表 6.1　不同信用级别企业融资效率的描述性统计分析

级别	因变量	N	最小值	最大值	均值	标准差
A 级	Y1	148	0.0355	0.1400	0.0727	0.0185
	Y2	148	−0.0817	0.3001	0.0671	0.0590
AA 级	Y1	1145	0.0090	0.1100	0.0632	0.0142
	Y2	1145	−0.0608	0.2557	0.0719	0.0431
AAA 级	Y1	47	0.0320	0.0738	0.0496	0.0092
	Y2	47	−0.0051	0.3411	0.0962	0.0598
BBB 级	Y1	21	0.0595	0.1120	0.0820	0.0159
	Y2	21	−0.0057	0.1477	0.0589	0.0411
CCC 级	Y1	36	0.0420	0.0898	0.0688	0.0130
	Y2	36	−0.5647	0.2631	0.0214	0.1370

从表6.1中可以看出，AA级企业很多，为更公正地分析信用级别之间的差异，本章选取样本数量相差较小，存在级差稍微偏大的企业进行对比分析。AAA级与CCC级虽然相差较大，但CCC级代表规模特别小的民营企业，资产质量等各方面较差，可比性较小。而BBB级与AAA级的资产质量较好，相差较小，但信用级别却相差三级，主要是由企业自身经营运转等造成的，因此，AAA级与BBB级的对比效果较好，故本书选取AAA级和BBB级企业进行对比分析。

根据表6.1可知：第一，偿债能力较强、违约风险较低且易受不利经济影响的A级企业数量为148个，占2012~2018年民营企业总数的比例为10.59%，向银行等金融机构的借款与发行债券共同构成的加权平均债务融资成本比例的最小值为0.0355，最大值为0.1400，均值为0.0727，标准差为0.0185，说明债务融资成本比率分布较为均匀，各项差异较小。资金利用率的最小值为-0.0817，最大值为0.3001，标准差为0.0590，说明资金利用率分布不均，各项差异较大。第二，偿债能力很强、违约风险很低且受不利经济影响不大的AA级企业数量为1145个，占2012~2018年民营企业总数的比例为81.96%，向银行等金融机构的借款与发行债券共同构成的加权平均债务融资成本比例的最小值为0.0090，最大值为0.1100，均值为0.0632，标准差为0.0142，说明债务融资成本比率分布较为均匀，各项差异较小。资金利用率的最小值为-0.0608，最大值为0.2557，标准差为0.0431，说明资金利用率分布不均，各项差异较大。第三，偿债能力极强、违约风险极低且不受不利经济影响的AAA级企业数量为47个，占2012~2018年民营企业总数的比例为3.36%，向银行等金融机构的借款与发行债券共同构成的加权平均债务融资成本比例的最小值为0.0320，最大值为0.0738，均值为0.0496，标准差为0.0092，说明债务融资成本比率分布较为均匀，各项差异较小。资金利用率的最小值为-0.0051，最大值为0.3411，标准差为0.0598，说明资金利用率分布不均，各项差异较大。第四，偿债能力一般、违约风险一般且受不利经济影响一般的BBB级企业数量为21个，占2012~2018年民营企业总数的比例为1.5%，向银行等金融

机构的借款与发行债券共同构成的加权平均债务融资成本比例的最小值为
0.0595，最大值为 0.1120，均值为 0.0820，标准差为 0.0159，说明债务融
资成本比率分布较为均匀，各项差异较小。资金利用率的最小值为
-0.0057，最大值为 0.1477，标准差为 0.0411，说明资金利用率分布不均，
各项差异较大。第五，偿债能力很弱、违约风险很高且受不利经济影响很
大的 CCC 级企业数量为 36 个，占 2012~2018 年民营企业总数的比例为
2.58%，向银行等金融机构的借款与发行债券共同构成的加权平均债务融
资成本比例的最小值为 0.0420，最大值为 0.0898，均值为 0.0688，标准差
为 0.0130，说明债务融资成本比率分布较为均匀，各项差异较小。资金利
用率的最小值为-0.5647，最大值为 0.2631，标准差为 0.1370，说明资金
利用率分布不均，各项差异较大。

6.1.2　不同企业性质的融资效率分析

随着我国市场经济的不断发展，民营企业、战略性新兴企业逐渐在国
民经济发展中凸显其重要地位，为促进整体经济的快速、健康、有序发
展，各行业、各类性质的企业分别做出较大的贡献。受原有计划经济体制
的影响，在社会经济快速发展下，企业的利益相关者、政府等相关组织部
门，仍对国有企业存在较大程度的信任，在进行投资决策分析时，认为国
有企业存在的风险较小，能够获得较为稳定的收益，政府及相关中介机构
在进行信用评级分析时，偏重于认为国有企业治理环境、社会信用等方面
较好。不同性质的企业融资渠道及投资项目影响因素不同，企业的融资和
投资最终会影响企业的融资效率，较为合理地提高企业融资效率，能够促
进企业健康、长远的发展。经统计整理分析，在民营企业、地方国有企
业、中央国有企业的信用评级中，AA 级企业占据较大部分，能够代表不
同性质企业的融资效率状况，故本书选取信用评级为 AA 级的企业，分析
不同性质企业的融资效率，具体分析如表 6.2 所示。

表6.2　不同性质企业融资效率的描述性统计分析

企业性质	因变量	N	最小值	最大值	均值	标准差
民营企业	Y1	1145	0.009	0.11	0.0632	0.0142
	Y2	1145	-0.0608	0.2557	0.0719	0.0431
地方国有企业	Y1	4689	0.008	0.101	0.0517	0.0136
	Y2	4689	0.0176	0.3712	0.1673	0.0116
中央国有企业	Y1	1095	0.008	0.093	0.0579	0.0097
	Y2	1095	0.0207	0.4023	0.1971	0.0399

由表6.2可知：据 CSMAR 国泰君安数据库统计，我国民营企业中偿债能力很强、违约风险很低且受不利经济影响不大的 AA 级企业数量为 1145个，占 2012~2018 年民营企业总数的比例为 81.96%。我国地方国有企业中偿债能力很强、违约风险很低且受不利经济影响不大的 AA 级企业数量为 4689 个，占 2012~2018 年地方国有企业总数的比例为 75.49%。我国中央国有企业中偿债能力很强、违约风险很低且受不利经济影响不大的 AA 级企业数量为 1095 个，占 2012~2018 年地方国有企业总数的比例为 73.12%。

不同性质企业的融资效率的具体分析为：第一，资金成本率。民营企业资金成本率的最小值为 0.009，最大值为 0.11，均值为 0.0632，地方国有企业资金成本率的最小值为 0.008，最大值为 0.101，均值为 0.0517，中央国有企业资金成本率的最小值为 0.008，最大值为 0.093，均值为 0.0579。因此，中央国有企业的资金成本率低于地方国有企业，而地方国有企业的资金成本率高于民营企业，不同性质企业的信用评级虽相同，但受计划经济体制影响，企业债权人更偏向于以较低的报酬率投资于国有企业，在信用级别相同时，国有企业较民营企业能够以较低的成本获得融资。中央国有企业的标准差最低，说明资金成本率分布较为均匀，而民营企业的标准差最高，说明资金成本率分布较为分散。第二，资金利用率。民营企业资金利用率的最小值为 -0.0608，最大值为 0.2557，均值为 0.0719，地方国有企业资金利用率的最小值为 0.0176，最大值为 0.3712，均值为 0.1673，中央国有企业资金利用率的最小值为 0.0207，最大值为 0.4023，均值为 0.1971。因此，中央国有企业的资金利用率高于地方国有企业，地方国有企业的资金利用率高于民营企业，不同性质企业的信用评级虽相同，但国有企业在进行投资时，以国家政策为导向，较多从事垄断性行业，企业之间竞争较小，能够取得较多的收益，收益与融资进行配比得出资金利用率，国有企业具有较高的资金利用率。地方国有企业的标准差最低，说明资金利用率分布较为均匀，而民营企业的标准差最高，说明资金利用率分布较为分散。

6.2　AAA 级企业信用与融资效率关系分析

AAA 级企业的偿债能力极强，违约风险极低且不受不利经济影响，民营企业中 AAA 级企业所占比重不高，但 AAA 级企业代表民营企业信用最好的企业，较好的企业信用对债务融资资金成本率、资金利用率具有怎样的影响，本书接下来予以具体分析。

6.2.1　样本及变量的选取

本书根据企业信用评级体系计算出企业的信用级别，选取 2012~2018 年在深圳证券交易所、上海证券交易所发行债券的企业，选取信用评级状况较好、偿债能力极强、不受不利经济影响且违约风险极低的 AAA 级企业，信用评级状况一般、偿债能力一般、受不利经济影响较大、违约风险一般的 BBB 级企业，经筛选，2012~2018 年，AAA 级企业 47 个，BBB 级企业 21 个。

企业融资效率包括融资成本率和资金利用率，因民营企业融资中债务融资为主要融资方式，债务融资由向银行等金融机构借款及发行债券组成，故本书中的债务融资成本率为债券融资成本率与银行借款利率的加权平均数，用 Y1 表示。资金利用率反映企业投入资金所获得的收益，因企业投资项目规模较大且获取收益的时间存在不确定性，故没有衡量企业资金利用率的相关指标，但企业资金利用率与企业总资产报酬率正相关，可用总资产报酬率代替企业资金利用率作为衡量指标，用 Y2 表示。X1 代表债务总额，X2 代表债务平均期限，X3 代表资产负债率，X4 代表单位资产经营活动现金流入，X5 代表应收账款周转率，X6 代表主营业务收入增长率。运用 SPSS 软件对变量进行多元回归分析。

6.2.2 描述性统计分析

对因变量（资金成本率、资金利用率）和自变量（债务总额、债务平均期限、资产负债率、单位资产经营活动现金流入、应收账款周转率、主营业务收入增长率）进行描述性统计分析，结果如表 6.3 所示。

表 6.3 AAA 级企业各变量描述性统计

变量	N	最小值	最大值	均值	标准差
Y1	47	0.0320	0.0738	0.0496	0.0092
Y2	47	−0.0051	0.3411	0.0962	0.0598
X1	47	2.0000	400.0000	36.4043	67.0022
X2	47	0.7400	7.0000	2.7336	1.9386
X3	47	0.2145	0.7854	0.5547	0.1559
X4	47	0.0011	1.6813	0.6571	0.0278
X5	47	1.2110	3.7518	2.4482	0.0320
X6	47	−0.3701	0.5970	0.2184	0.1887

由表 6.3 可知，资金成本率的最大值为 0.0738，最小值为 0.0320，标准差为 0.0092，说明资金成本率的分布较为均匀，而资金利用率的标准差为 0.0598，说明资金利用率分布较为分散，各企业的资金利用率相差较

大。发行债务的最小值为 2 亿元，最大值为 400 亿元，因民营企业涉及的行业较多，且各行业有自身的发展目标和规划，具有较大的融资差异，因变量为相对指标，为避免单位不统一所带来的多重共线性问题，故在进行相关性分析和多元回归分析时，发债规模以其自然对数代替。发行债务的平均期限，根据企业自身投资项目工期的长短及企业的偿债能力而定。企业资本结构中，债务融资的最小值为 0.2145，最大值为 0.7854，均值为 0.5547，说明在民营企业的资本结构中，以债务融资为主要融资方式。单位资产经营活动现金流入相差较大，最小值为 0.0011，最大值为 1.6813，但从平均数看，民营企业单位资产现金流状况较好，均值高达 0.6571。应收账款周转率反映企业对账务的收款能力，应收账款周转率越高，说明企业的收款政策较好，企业存在较少的应收账款，资产运转状况良好。主营业务收入增长率因企业发展前景不同而存在较大差异，从平均值看，民营企业的收入呈增长趋势。

6.2.3　各变量的相关性分析

对因变量和自变量的各指标进行相关性分析，根据 Pearson 相关性指标的显著性水平，判断其是否存在多重共线性，各变量之间的相关性分析如表 6.4 所示。

表 6.4　AAA 级各变量的相关性分析

变量	相关性检验	Y1	Y2	X1	X2	X3	X4	X5	X6
Y1	Pearson 相关性	1							
	显著性（双侧）								
Y2	Pearson 相关性	-0.180	1						
	显著性（双侧）	0.016							
X1	Pearson 相关性	0.249	-0.24	1					
	显著性（双侧）	0.011	0.003						

变量	相关性检验	Y1	Y2	X1	X2	X3	X4	X5	X6
X2	Pearson 相关性	0.502**	−0.415**	0.229	1				
	显著性（双侧）	0	0.004	0.022					
X3	Pearson 相关性	0.197	−0.447**	0.472**	0.318*	1			
	显著性（双侧）	0.015	0.002	0.001	0.029				
X4	Pearson 相关性	−0.14	0.033	−0.05	−0.08	0.088	1		
	显著性（双侧）	0.031	0.026	0.025	0.016	0.037			
X5	Pearson 相关性	−0.13	0.144	−0.367*	−0.334*	−0.389**	0.043	1	
	显著性（双侧）	0.035	0.033	0.011	0.022	0.007	0.021		
X6	Pearson 相关性	0.148	0.453**	0	0.093	0.083	0.193	−0.15	1
	显著性（双侧）	0.021	0.001	0.005	0.035	0.021	0.011	0.015	

注：** 表示当显著性水平为 0.01 时，统计检验的相伴概率值小于等于 0.01；* 表示当显著性水平为 0.05 时，统计检验的相伴概率值小于等于 0.05，数据的旁边没有星号，表示无显著相关性。

由表 6.4 可知，在 5% 的显著性水平下，因变量与自变量之间、自变量相互之间的显著性水平均低于 5%，说明各自变量均对因变量存在影响，可进行回归分析。因一些变量为非平稳时间序列，即使不存在直接相关性也会在回归分析汇总时产生较高的相关性，为保证分析的准确有效，本书在进行回归分析前，先对各变量进行单位根检验，经检验，各变量的单位根为平稳性序列，故可直接进行回归分析。

6.2.4 回归分析

因变量为资金成本率和资金利用率，各变量涉及企业的发债情况、企业偿债能力、运营状况、发展潜力等多方面指标，从理论上讲，当企业具有较高的信用级别时，社会各界投资者对其认可度较高，债权投资者愿意对其进行投资，并要求相对较低的投资回报率。企业较大的发展规模、较强的偿债能力、运转能力及发展潜力等，使企业具有较强的盈利能力，能获得社会各界的好评，从而易于以较低的成本获得资金。

根据表6.5可知：在5%的显著性水平下，发债规模与企业资金成本率正相关，当企业债务融资较高时，企业需向银行等金融机构提供更多的抵押物、信用保证等，以获取银行等金融机构的信任，在发行债券时，较高的融资金额需要支付较多的筹资费用和较高的利率，以获取投资者的投资。发债期限与企业资本成本不相关，债务期限越长，企业未来发展及收益的不稳定性越高，为弥补投资者因时间不确定性所带来的风险，企业需要支付较高的利率以获取资金。资产负债率与企业资金成本率负相关，债务融资是企业融资的主要方式，即使企业破产也需优先偿还债务，债权人认为债务投资的风险较小，相应要求的债权投资报酬率较低。企业单位资产经营活动现金流入、应收账款周转率、企业发展潜力等与企业资金成本率负相关，说明当企业自身发展状况较好时，企业较高的盈利能力可以获得诸多投资者的信赖，债权投资者愿意承担较小的风险以投资盈利能力较强的企业，企业以较低的资金成本率获得资金。

表 6.5　AAA 级各自变量与资金成本率的回归分析

变量	非标准化系数		标准系数		
	B	标准误差	试用版	t	Sig.
（常量）	0.04	0.006		6.494	0.341
X1	0.817	0.008	0.393	1.017	0.013
X2	0.007	0.011	0.514	1.311	0.009
X3	−0.003	0.013	−0.532	0.064	0.003
X4	−0.031	0.009	−0.719	0.898	0.013
X5	−0.051	0.039	−1.291	0.807	0.027
X6	−0.015	0.011	−1.231	1.346	0.031

根据表6.6可知：在5%的显著性水平下，债务总额与资金利用率负相关，在企业进行较多的债务融资时，总资产会增加，而获得融资项目进行投资需较长时间才能获得收益，故在发行债务获得融资时，并未能在短

暂的时间内获得收益，使资金利用率相对下降。发行债务的期限与资金利用率负相关，当债务期限较长时，企业获得融资所需支付的相关费用增加，但企业面临的还款压力较小，能够选取较好的投资项目，将资源进行合理配置，从而获得较大收益，进而提高资金利用率。资产负债率与资金利用率正相关，资产负债率越高，企业债权人的利益受法律保护程度越高，且债务具有抵税作用，使企业能够获得较多的利润，进而实现较高的资金利用率。企业单位资产经营活动现金流入、应收账款周转率、企业发展潜力等与企业资金利用率正相关，当企业具有较强的运转能力、盈利能力及发展潜力时，企业可以获得较高的利润，使资金利用率较高。

表6.6　AAA级各自变量与资金利用率的回归分析

变量	非标准化系数		标准系数		
	B	标准误差	试用版	t	Sig.
（常量）	0.194	0.032		6.082	0.001
X1	−0.293	0.003	−0.497	0.031	0.011
X2	−0.021	0.015	−0.763	0.256	0.005
X3	0.151	0.053	0.815	0.021	0.011
X4	0.012	0.003	1.013	0.097	0.008
X5	0.081	0.312	0.649	0.257	0.021
X6	0.201	0.043	0.709	0.811	0.007

6.2.5　小结

通过对AAA级信用级别的企业信用与融资效率的关系进行分析，发现资金成本率的分布较为均匀，资金利用率分布较为分散，各企业的资金利用率相差较大。各因变量对企业资金成本率及资金利用率的影响情况如下：

第一，债务总额与企业资金成本率正相关，与资金利用率负相关。当企业债务总额较大时，企业需要支付的筹资费用、利率等相对较高，使资金成本率增加。当企业进行债务融资时，总资产相应增加，因投资项目需较长时间才能获得收益，并未能在短暂的时间内获得收益，使资金利用率相对下降。

第二，债务平均期限与企业资金成本率正相关，与资金利用率负相关。债务期限越长，企业未来发展及收益的不稳定性越高，为弥补投资者因时间不确定性所带来的风险，企业需要支付较高的利率以获取资金。当债务期限较长时，企业获得融资所需支付的相关费用增加，但企业面临的还款压力较小，能够选取较好的投资项目，将资源进行合理配置，从而获得较大收益，进而提高资金利用率。

第三，资产负债率与企业资金成本率负相关，与资金利用率正相关。债务融资是企业融资的主要方式，即使企业破产也需优先偿还债务，债权人认为债务投资的风险较小，相应要求的债权投资报酬率较低。资产负债率越高，企业债权人的利益受法律保护程度越高，且债务具有抵税作用，使企业能够获得较多的利润，进而实现较高的资金利用率。

第四，单位资产经营活动现金流入、应收账款周转率、企业发展潜力与企业资金成本率负相关，与资金利用率正相关。当企业具有较高的运转能力、盈利能力及发展潜力时，容易获得投资者的信赖，债权投资者愿意承担较小的风险以较低的利率进行投资，使企业在节约成本的同时，获得较多的收益，从而提高企业的资金利用率。

6.3　BBB 级企业信用与融资效率关系分析

BBB 级企业偿债能力一般、违约风险一般且受不利经济影响一般，民营企业中 BBB 级企业所占比重不高，但 BBB 级企业代表民营企业信用一般的企业，信用评级一般的企业对债务融资资金成本率、资金利用率具有怎样的影响，本书接下来予以具体分析。

6.3.1　样本及变量的选取

本书根据企业信用评级体系计算出信用级别，选取 2012~2018 年在深圳证券交易所、上海证券交易所发行债券的企业，选取信用评级状况较好、偿债能力极强、不受不利经济影响且违约风险极低的 AAA 级企业，信用评级状况一般、偿债能力一般、受不利经济影响较大、违约风险一般的 BBB 级企业，经筛选，2012~2018 年，BBB 级企业 21 个。变量的选取与 AAA 级企业信用和融资效率关系分析的标准一致，运用 SPSS 软件进行分析。

6.3.2　描述性统计分析

对因变量（资金成本率、资金利用率）和自变量（债务总额、债券平均期限、资产负债率、单位资产经营活动现金流入、应收账款周转率、主营业务收入增长率）进行描述性统计分析，结果如表 6.7 所示。

表 6.7　BBB 级企业各变量描述性统计

变量	N	最小值	最大值	均值	标准差
Y1	21	0.0595	0.1120	0.0820	0.0159
Y2	21	−0.0057	0.1477	0.0589	0.0411
X1	21	0.3000	20.0000	3.7900	0.0245
X2	21	1.0000	7.0000	2.9000	0.0020
X3	21	0.4488	0.8857	0.6485	0.0122
X4	21	0.0001	1.2773	0.5328	0.0015
X5	21	1.0009	2.7727	1.8170	0.0077
X6	21	−0.2895	0.3515	0.1572	0.0114

由表 6.7 可知，资金成本率的最大值为 0.1120，最小值为 0.0595，标

准差为 0.0159，说明资金成本率的分布较为均匀，而资金利用率的标准差为 0.0411，说明资金利用率分布较为分散，各企业的资金利用率相差较大。发行债务的最小值为 0.3 亿元，最大值为 20 亿元，因民营企业涉及的行业较多，且各行业有自身的发展目标和规划，BBB 信用级别的企业规模较小，故发行债务总额差异较小。发行债务总额为相对指标，为避免单位不统一所带来的多重共线性影响，故在进行相关性分析和多元回归分析时，发债规模以其自然对数代替。发行债务的平均期限，根据企业自身投资项目工期的长短及企业的偿债能力而定。在企业资本结构中，债务融资的最小值为 0.4488，最大值为 0.8857，均值为 0.6485，说明在民营企业的资本结构中，以债务融资为主要融资方式。单位资产经营活动现金流入相差较大，最小值为 0.0001，最大值为 1.2773，但从平均数看，民营企业财务状况较好。应收账款周转率反映企业对账务的收款能力，应收账款周转率越高，说明企业的收款政策较好，企业存在较少的应收账款，资产运转状况良好。主营业务收入增长率因企业发展前景不同而存在较大差异，从平均值看，民营企业的收入呈增长趋势。

6.3.3　各变量的相关性分析

因变量（资金成本率、资金利用率）和自变量（债务总额、债务平均期限、资产负债率、单位资产经营活动现金流入、应收账款周转率、主营业务收入增长率）中各变量之间的相关关系分析如下：

根据表 6.8 可知，在 5% 的显著性水平下，因变量与自变量之间、自变量相互之间的显著性水平均低于 5%，说明各自变量均对因变量存在影响，可进行回归分析。因一些变量为非平稳时间序列，即使不存在直接相关性也会在回归分析汇总时产生较高的相关性，为保证分析的准确有效，本书在进行回归分析前，先对各变量进行单位根检验，经检验，各变量的单位根为平稳性序列，故可直接进行回归分析。

表 6.8　BBB 级各变量的相关性分析

变量		Y1	Y2	X1	X2	X3	X4	X5	X6
Y1	Pearson 相关性	1							
	显著性（双侧）								
Y2	Pearson 相关性	−0.147	1						
	显著性（双侧）	0.024							
X1	Pearson 相关性	−0.326	−0.379	1					
	显著性（双侧）	0.049	0.09						
X2	Pearson 相关性	−0.16	−0.484*	0.481*	1				
	显著性（双侧）	0.007	0.026	0.027					
X3	Pearson 相关性	0.468*	−0.501*	0.05	−0.026	1			
	显著性（双侧）	0.033	0.021	0.031	0.009				
X4	Pearson 相关性	0.376	0.151	−0.419	−0.01	0.08	1		
	显著性（双侧）	0.013	0.014	0.038	0.007	0.031			
X5	Pearson 相关性	0.228	−0.365	0.051	0.075	0.047	−0.01	1	
	显著性（双侧）	0.002	0.004	0.025	0.046	0.014	0.007		
X6	Pearson 相关性	0.323	−0.358	0.021	−0.022	0.109	0.021	0.973**	1
	显著性（双侧）	0.013	0.011	0.9029	0.025	0.037	0.007	0	

注：** 表示当显著性水平为 0.01 时，统计检验的相伴概率值小于等于 0.01；* 表示当显著性水平为 0.05 时，统计检验的相伴概率值小于等于 0.05，数据的旁边没有星号，表示无显著相关性。

6.3.4　回归分析

因变量为资金成本率和资金利用率，各变量涉及企业的发债情况、企业偿债能力、运营状况、发展潜力等多方面指标，从理论上讲，当企业具有较高的信用级别时，社会各界投资者对其认可度较高，债权投资者愿意对其进行投资，并要求相对较低的投资回报率。企业较大的发展规模、较强的偿债能力、运转能力及发展潜力等，使企业具有较强的盈利能力，能获得社会各界的好评，从而易于以较低的成本获得资金。

根据表 6.9 可知：在 5% 的显著性水平下，发债规模与企业资金成本率正相关，当企业债务融资较高时，企业需要向银行等金融机构提供更多的抵押物、信用保证等，以获取银行等金融机构的信任，在发行债券时，较高的融资金额需要支付较多的筹资费用和较高的利率，以获取投资者的投资。债务平均期限与企业资本成本不相关，因信用级别为 BBB 级的企业违约率较低，企业未来的收益情况存在很大的变动，银行等金融机构不愿发放长期贷款，且企业债权人不愿购进期限较长的债券，而债券的期限越长，理论上资金成本率越高，因企业信用级别的原因，企业的偿债能力无足够保障，故债务平均期限对资金成本率无影响。资产负债率与企业资金成本率负相关，债务融资是企业融资的主要方式，即使企业破产也需优先偿还债务，债权人认为债务投资的风险较小，相应要求的债权投资报酬率较低。企业单位资产经营活动现金流入、应收账款周转率、企业发展潜力等与企业资金成本率负相关，说明当企业自身发展状况较好时，企业较高的盈利能力可以获得诸多投资者的信赖，债权投资者愿意承担较小的风险以投资盈利能力较强的企业，企业以较低的资金成本率获得资金。

表 6.9　BBB 级各自变量与资金成本率的回归分析

变量	非标准化系数		标准系数		
	B	标准误差	试用版	t	Sig.
（常量）	0.052	0.017		3.001	0.01
X1	0.014	0.002	0.313	0.181	0.019
X2	0.001	0.003	0.171	0.397	0.531
X3	−0.049	0.026	−0.397	1.8934	0.012
X4	−0.031	0.011	−0.201	0.815	0.027
X5	−0.029	0.017	−1.113	1.009	0.005
X6	−0.005	0.006	−0.979	1.279	0.013

根据表 6.10 可知：在 5% 的显著性水平下，债务总额与资金利用率负相关，在企业进行较多的债务融资时，总资产会增加，而获得融资项目进行投资需较长时间才能获得收益，故在发行债务获得融资时，并未能在短

暂的时间内获得收益，使资金利用率相对下降。发行债务的期限与资金利用率负相关，当债务期限较长时，企业获得融资所需支付的相关费用增加，但企业面临的还款压力较小，企业管理者可以选择收益较大的投资项目，使资源尽可能地合理配置，从而获得较大的收益，进而提高资金利用率。资产负债率与资金利用率正相关，资产负债率越高，企业债权人的利益受法律保护程度越高，且债务具有抵税作用，使企业能够获得较多的利润，进而实现较高的资金利用率。企业单位资产经营活动现金流入、应收账款周转率、企业发展潜力等与企业资金利用率正相关，当企业具有较强的运转能力、盈利能力及发展潜力时，企业可以获得较高的利润，使资金利用率较高。

表 6.10　BBB 级各自变量与资金利用率的回归分析

变量	非标准化系数		标准系数		
	B	标准误差	试用版	t	Sig.
（常量）	0.196	0.039		5.085	0.037
X1	−0.032	0.002	−0.041	−0.201	0.008
X2	−0.017	0.012	−0.519	−2.116	0.032
X3	0.193	0.062	0.498	2.791	0.017
X4	0.011	0.009	0.193	0.937	0.029
X5	0.019	0.063	0.236	0.291	0.021
X6	0.007	0.013	0.617	0.707	0.015

6.3.5　小结

通过对 BBB 级信用级别的企业信用与融资效率的关系进行分析，发现资金成本率的分布较为均匀，资金利用率分布较为分散，各企业的资金利用率相差较大。各因变量对企业资金成本率及资金利用率的影响情况如下：

第一，债务总额与企业资金成本率正相关，与资金利用率负相关。当企业债务总额较大时，企业需要支付的筹资费用、利率等相对较高，使资金成本率增加。当企业进行债务融资时，总资产相应增加，因投资项目需较长时间才能获得收益，并未能在短暂的时间内获得收益，使资金利用率相对下降。

第二，债务平均期限与企业资金成本率无关，与资金利用率负相关。债务期限越长，因信用级别为BBB级的企业违约率较低，企业未来的收益情况存在很大的变动，银行等金融机构不愿发放长期贷款，且企业债权人不愿购进期限较长的债券，而债券的期限越长，理论上资金成本率越高，因企业信用级别的原因，企业的偿债能力无足够保障，故债务平均期限对资金成本率无影响。当债务期限较长时，企业获得融资所需支付的相关费用增加，企业获得可利用的资金较少，但企业面临的还款压力较小，进而可以选择收益较大的项目进行投资，从而获得较高利润，使资源得以优化配置，进而提高资金利用率。

第三，资产负债率与企业资金成本率负相关，与资金利用率正相关。债务融资是企业融资的主要方式，即使企业破产也需优先偿还债务，债权人认为债务投资的风险较小，相应要求的债权投资报酬率较低。资产负债率越高，企业债权人的利益受法律保护程度越高，且债务具有抵税作用，使企业能够获得较多的利润，进而实现较高的资金利用率。

第四，主营业务利润率、应收账款周转率、企业发展潜力与企业资金成本率负相关，与资金利用率正相关。当企业具有较高的运转能力、盈利能力及发展潜力时，容易获得投资者的信赖，债权投资者愿意承担较小的风险以较低的利率进行投资，使企业在节约成本的同时，获得较多的收益，从而使资金利用率得以提高。

6.4　本章小结

从民营企业信用评级的角度，从资金成本率、资金利用率、债务规模等角度，分析不同信用级别企业融资效率的影响因素，将不同企业信用级别各指标的对比分析如下：

第一，资金成本率。AAA级民营企业资金成本率的最小值、最大值、均值、标准差均低于BBB级民营企业资金成本率，说明当企业信用级别较高时，企业违约风险较小，债权人愿意对其进行投资，并要求较低的报酬率，信用级别较高的企业在筹资时，因支付较低的筹资费用及利息，使资金成本率相对较低。而信用级别较低的企业，因企业违约风险较大，债权人不愿对其进行投资，即使对其进行投资，遵循高风险、高收益的原则，要求其支付较高的投资回报以规避违约风险，故信用级别较低的企业进行融资需支付较高的资金成本率。

第二，资金利用率。AAA级民营企业资金利用率的最小值、最大值、均值、标准差均高于BBB级民营企业资金成本率，说明当企业信用级别较高时，企业在社会中能得到较好评价，投资者愿意投资，客户、供应商、政府等各界层面对企业的认可度较高，企业能获得较低的采购方式、融资方式及较好的销售渠道，企业的生产能力、经营运转能力、偿债能力及发展能力呈现较好的发展态势，在日常经营活动中获得较高的收益，从而使资源得到合理配置，具有较高的资金利用率。

第三，债务规模。AAA级企业2012~2018年进行债务融资的均值为36.4043，而BBB级企业2012~2018年进行债务融资的均值为3.79，且AAA级企业债务融资的最小值和最大值均高于BBB级企业，说明信用级别较好的企业，除自身运营及发展状况较好外，债务融资的规模也较大。因债务融资是绝对数，而资金成本率、资金利用率及企业发展情况等均为相对数，故将债务融资取自然对数后分析其对融资效率的影响。AAA级企业与BBB级企业债务融资规模与资金成本率均呈正相关关系，但AAA级企业的债务规模对资金成本率的标准影响系数大于BBB级企业的系数，说明当企业信用级别较高时，债务融资规模越大，企业融资支付的相关筹资费、利息等费用越高，对应的资金成本率越高。AAA级企业与BBB级企业的债务融资规模与资金利用率均呈负相关关系，但AAA级企业的债务规模对资金成本率的标准影响系数大于 BBB 级企业的系数，说明债务融资规模越大，因企业投资项目获得收益具有长期性、不确定性等情况，使资金在短期内未获得相应收益的可能性降低，因此，债务融资规模越大，资金利用率越低。信用级别较高的企业为扩大其发展规模，往往会选择规模较大的投资项目，因此，相对于信用级别低的企业而言，信用级别较高的企业的资金利用率更高。

第四，债务平均期限。AAA 级企业 2012~2018 年进行债务融资期限的均值为 2.7336，而 BBB 级企业 2012~2018 年进行债务融资期限的均值为 2.9，且 AAA 级企业债务融资期限的最小值和最大值均高于 BBB 级企业，说明债务融资期限与企业信用级别无相关性或相关性较小。AAA 级企业债务期限与资金成本率呈正相关关系，从理论上讲，债务期限越长，因企业投资项目的收益存在时间效应和不确定性，银行等金融机构不愿发放长期贷款，且企业债权人不愿购进期限较长的债券，企业债权投资者要求较高的回报率，故企业资金成本率较高。而 BBB 级企业因为企业违约率较高，未来收益存在较大的不确定性等，企业债权人不愿进行投资，因为企业信用评级的原因，企业缺乏足够的偿债能力，对企业资金成本率无影响。AAA 级企业与 BBB 级企业债务融资期限与资金利用率均呈正相关关系，但 AAA 级企业的债务期限对资金成本率的标准影响系数大于 BBB 级企业的系数，说明对于信用较好的企业，债务期限越长，越不利于资金的有效配置，信用较好的企业具有发展速度快、资源配置效率高的特点，当债务期限较长时，企业还款压力小，企业会充分利用此部分资金进行投资，为企业获得较高的效益，从而使资金利用率提高。

第五，资产负债率。AAA 级企业 2012~2018 年资产负债率的均值为 0.5547，而 BBB 级企业 2012~2018 年资产负债率的均值为 0.6485，说明民营企业债务融资是主要的融资方式，AAA 级企业信用较好、规模较大，在获得债务融资的同时，可以获得较高的股权融资。AAA 级企业与 BBB 级企业资产负债率均与资金成本率呈负相关关系，且 AAA 级企业资产负债率对资金成本率的影响程度高于 BBB 级企业。从描述性统计数据分析可知，债务融资是民营企业融资的主要方式，即使企业破产也需优先偿还债务，债权人认为债务投资的风险较小，相应要求的债权投资报酬率较低。AAA 级企业与 BBB 级企业资产负债率均与资金利用率呈负相关关系，资产负债率越高，企业债权人的利益受法律保护程度越高，且债务具有抵税作用，使企业能够获得较多的利润，进而实现较高的资金利用率。

第六，单位资产经营活动现金流入、应收账款周转率、企业发展潜力。AAA 级企业 2012~2018 年主营业务利润率、应收账款周转率、企业发展潜力的均值均高于 BBB 级企业，说明信用级别高的民营企业，在经营状况、财务状况和自身发展状况等方面均高于信用级别低的民营企业，信用评级主要是根据企业自身经营运转状况和政府等外界机构对企业的评判，企业自身状况较好、违约率较低时，才能获得较高的信用级别，故信用级别较高的企业在自身运转、财务及经营评价指标等多方面均高于信用级别较低的企业。AAA 级企业与 BBB 级企业的主营业务利润率、应收账款周转率、企业发展潜力均与资金成本率呈负相关关系。当企业自身发展状况较好、外界对其信用评价较高时，企业较易于从外部获得债务融资，企业债权投资者因企业具有较好的偿债能力，故要求的债权报酬率相对较低，使企业债务资金成本率相对较低。AAA 级企业与 BBB 级企业的主营业务利润率、应收账款周转率、企业发展潜力均与资金利用率呈正相关关系，AAA 级企业的相关指标比 BBB 级企业的相关指标，对资金利用率的影响程度更大。企业能够呈现较好的发展态势，从微观方面看，在企业领导人的指挥下，企业的各项指标达到考核要求，从宏观方面看，各项资产得到合理利用，日常经营活动较为顺畅，各项资产发挥其自身合理的价值，从而使资金利用率较高。

通过分析可知，AAA 级企业资金成本率低于 BBB 级企业，而资金利用率高于 BBB 级企业，即企业信用级别越高，企业融资效率越高，企业信用对融资效率具有正向作用。在分析企业信用对融资效率的影响作用时，发现 AAA 级企业债务融资规模的最小值和最大值均高于 BBB 级企业，说明信用级别较好的企业，除自身运营及发展状况较好外，债务融资的规模也较大。AAA 级企业债务融资期限的最小值和最大值均高于 BBB 级企业，但相差较小，说明债务融资期限与企业信用级别无相关性或相关性较小。AAA 级企业 2012~2018 年主营业务利润率、应收账款周转率、企业发展潜力的均值均高于 BBB 级企业，说明信用级别高的民营企业，在经营状况、财务状况和自身发展状况等方面均高于信用级别低的民营企业，因为信用评级主要是根据企业自身经营运转状况和政府等外界机构对企业的评判，企业自身状况较好，违约率较低时，才能获得较高的信用级别。因此，信用级别能够较好地反映企业的发展、经营等状况，不同信用级别企业的融资效率不同，通过对比分析，更好地说明了企业信用与融资效率具有较强的相关性。

第 7 章

增强企业信用，提高企业融资效率的路径选择

　　当前，中国经济进入新常态。整体而言，新常态经济包含经济增长速度和动力的转化、资源配置方式的转变、产业结构的调整等内涵。新常态下，应更重视经济增长的质量和产业结构的调整（厉以宁，2014）。在社会主义市场经济体制下，提升企业信用管理水平，进而提高企业融资效率，是建设企业信用体系，乃至社会信用体系的重中之重，也是改变经济增长方式，提升经济效益，优化产业结构的必由之路。本部分基于前文的理论和实证分析结论，从内、外两个维度综合探讨提升企业信用管理水平，进而提高企业融资效率的可行建议，具体包括完善企业财务管理和信息披露制度、降低企业经营风险、规范企业融资过程、树立企业信用管理理念、建立企业信用担保体系、健全征信制度和企业信用评估体系、完善企业融资监管机制等。以期从多个角度为我国企业信用的秩序混乱现象提出合理对策，并为完善企业信用管理机制、健全企业信用管理体系、提升企业融资效率提供政策建议。

7.1 企业内部策略

7.1.1 弱化信息不对称的影响力度，完善财务管理与信息披露制度

1. 设置合理有效的财务管理机制，健全企业股权治理结构

股权结构是进行有效企业管理实践的保证。股权结构决定了企业控制权的分布，也决定了企业所有者与管理者之间的信用关系（委托—代理关系）。合理的股权结构，一方面可以通过激励机制，绑定企业所有者与管理者的利益，降低经营者的道德风险；另一方面可以通过权力制衡，降低所有者与管理者之间的信息不对称程度遏制逆向选择，从而从基础上防止企业内部信用违约事件的发生。同时，要合理设置企业会计机构，强化内部审计制度建设。现阶段，合格上市公司的财务管理部门、会计部门和审计部门分立，分别由总经理、董事会和监事会领导，并分别承担不同的财务职能，这样的机构设置，可以有效避免财务舞弊事件发生，实施企业内部独立的财务信息供给和审计工作，增强企业内部财务信息透明度，弱化企业内部信息不对称的影响力度。民营企业在日常经营中，虽然建立全面、系统、科学的财务制度存在一定的难度，但是应当充分借鉴上市公司财务管理理念，提升融资效率。

2. 加强信用信息科学化管理，强化信息信号作用

信用关系依赖于信息和信息的传递，信用主体之间对于信息的了解，是信用关系产生的前提和基础。如果一个社会无法提供信息，则信用制度就无从建立；而一个社会信息不对称现象明显，其信用制度也必不完善。当市场中存在较为严重的信息不对称现象，或交易信息模糊时，信用交易

主体必须借助一定的手段和方式（例如信号显示机制），以弥补市场机制的缺陷，进而做出正确的选择和决策。如在人力资源市场中，应聘者通过提供教育文凭、培训资格证书、特别资格认证等，向聘用者发出可信的信用信号，彰显个人的技能和能力，从而获得较高的劳动报酬或职业认可。在产品交易市场中，卖方通过品牌质量认证、广告宣传、独家经营、售后承诺等手段，向消费者传递产品信用信号，降低买卖双方之间的信息不对称程度，也对优质产品和劣质产品进行区分。信贷交易市场同样如此，信用级别较高的贷款客户，可以出示个人或企业信用记录，向贷款机构显示其"高品质"和"低风险"。总之，真实有效的信用信号可以弱化交易主体间的信息不对称问题，发挥信用信号的积极作用，并建立高效信号传递机制，这是构建企业信用体系的重要环节。

首先，增强信息弱势方信息甄别力和接收力。由于信用交易主体的知识结构和素质不同，其甄别和处理信息的能力存在差别。因此，政府应不断通过电视、网络、报纸等媒介，加大信用宣传力度，提供交易主体的信用意识、风险防范意识。交易主体也应该积极提高自身素质，更新知识结构，从自身提高信息处理能力。同时，政府也要促进信用信息规范性建设，拓宽信息获取渠道，完善信用信息的甄别和接收体系。其次，提高信息优势方信息释放的积极性。成熟的市场经济体系，经济主体出于自身利益，自觉将自己的交易活动纳入社会征信体系内，并自我约束保持良好的信用交易记录以获得较高的信用等级。这是一种主动的信用信号释放机制，能够显示信息优势方在资金、能力、品质等方面的优越条件，进而提升其行为绩效。而没有纳入征信体系的交易主体，则在信用交易中会面临诸多不便和阻碍。因此，政府应当便利信用信息的释放渠道，并加强信用宣传，充分调动信用信息优势方释放信号的积极性。最后，加强第三方信用信号传递作用。这里的第三方主要是信用交易中的中间商、经纪商以及信用交易鉴定方等，他们能够在一定程度上缓解信用交易中的信息不对称问题和市场失灵状况，对市场交易中的信用信号起到强化作用。他们利用专业知识、交易便利等优势，及时鉴别披露与信用交易相关的信息，释放信用信号。但是，在此过程中，也应当注意保持第三方中介的独立性和公正性。

综上所述，信用信号传递机制之所以能够发挥效用，其基本前提是征信系统能够准确、全面、科学地搜集、分析并传递信用信息，这也是解决信用交易中信息不对称问题的有效途径。从发达市场的征信行业发展经验看，我国迫切需要建立一个公开、透明的企业征信系统，使征信公司能够真实、全面、公开、合法、便捷地取得与企业资信相关的数据，并生成资信调查报告。

7.1.2　提高企业经营管理能力，降低企业经营风险

1. 建立健全基于成本和效率的企业内部控制制度

第一，优化内部控制流程，提高内部控制效率。首先，内部控制制度的设计和制定，应该基于企业发展的现实，既要符合《会计法》等相关法律的规定，也应该充分考虑企业的经营方式、发展阶段、组织架构和管理现状等，并结合自身的经营目标、投融资战略，兼顾有效性和实用性、一般性和特殊性、总体性和局部性原则。同时，在内部控制制度制定过程中，还应该注重成本效益问题，应当简化流程设计，突出关键管理节点，在有效把控风险、落实风险责任制的基础上，下放和优化内部控制管理权限，对重大事项实施集中决策，常规事项则进行流程控制，并对不同的业务形式采取不同的控制措施。应该合理设计关键节点的执行期限，避免在某一节点耗时过长现象发生，缩短流转时间，提高管理效率。其次，对内部控制制度应该实施动态管理。企业的管理活动随时随地可能发生变化，企业的内部控制制度应该主动适应企业经营管理策略的变化。这要求企业内部审计部门及时对内控流程进行常规化评估，如有不适应情况发生，应及时修改、更新或取消，企业业务部门也应该发挥主观能动性，承担内部控制制度常规维护责任，并对制度的缺陷提出完善建议，完善内部控制流程。最后，应减少部门间的协调成本，提高内部控制的执行效率。内部控

制流程设计不可避免会出现跨部门的管理环节，在确保关键节点得到充分控制的基础上，在设计流程时应明确权责，避免推诿现象出现，减少部门间摩擦，降低执行成本。同时，内部控制流程的设计应充分考虑投入成本、风险控制和经济利益增加之间的平衡关系，追求成本、风险与控制效率的最优化组合，进而达到内部管理的最优化。

第二，健全企业风险管理系统和预算控制系统。随着市场化改革的深入，企业在市场中面临的不确定性越来越大，尤其是伴随着企业规模的扩大，企业管理层次逐渐复杂，企业预测、应对和管理风险的能力会随之下降。风险管控机制是企业内部控制的关键，直接影响企业的生产和发展，因此，企业应在内部控制制度中设立专门风险管控的流程或职能部门，及时发现企业的潜在风险，并对风险进行研究和科学化管理。同时，还应该注重企业财务预算管理流程，并将其纳入企业内部控制的流程设计，科学化的预算管理可以通过事前、事中和事后管理过程，有效控制企业经营风险，并能通过预算指标约束企业活动实际进行，为企业业绩评价提供依据。

第三，优化企业内部控制环境。控制环境是内部控制制度执行的基础，影响控制环境的因素包括企业经营理念、组织架构、员工素质、经营哲学和风格等。内部控制的核心就是合理分配企业内部各个职能部门的权责，没有良好的企业内部控制环境，内部控制制度就不能真正落地。首先，应当实施科学化管理，促进企业管理创新。在新经济环境下，企业应当注重管理理念创新，注重新技术与管理理念的融合，优化管理流程，整合企业优势资源，降低运营成本。同时，应该及时、准确掌握有利于企业发展的新资源、新事物。例如，对于企业融资而言，企业应关注新的资金供给制度，增加企业融资渠道，降低融资成本。其次，努力提高管理者和员工的道德品质和专业素质。人员素质是企业内部控制机制运行的基础和前提，一方面，内部控制制度和流程的设计应该考虑管理者和员工的道德品质、专业素质、价值观等；另一方面，应该强化员工培训，加强员工的法律和道德意识，以及纪律性和原则性，培养员工的学习能力，及时传达企业经营观念。

2. 优化企业财务资金管理能力

应实施企业资金集中化管理。随着市场环境复杂化和企业竞争加剧，企业面临的财务风险加大，对企业实施资金集中化管理可以有效避免可能的财务风险。一方面，通过建立企业内部结算中心，以保证资金的集中、统一和监控。职能部门统一在结算中心开立结算账户，部门只保留日常必要开支。并且由于结算中心直接与银行对接，在统一的会计制度和开支标准的约束下，既可以减少企业内部资金占用、加快资金流转、提高资金利用率，也可以有效降低银行的信贷风险。另一方面，企业应该加强对现金流的分析，建立科学和高效的资金管理体制。严控现金的流入和流出，现金流管理应该渗透到企业管理的每个环节，以有效控制企业的支付风险和流动性风险，在保证企业支付能力的基础上，确保现金流的动态平衡，进而提高企业资金配置的效率。

3. 提高应收账款管理效率，降低企业信用风险

首先，提高应收账款事前管理效率。企业应当建立科学化的信用管理体系，以保证对企业赊销客户的准确定位，从开始阶段降低赊销业务的风险。这样的信用管理体系包含三个方面：第一，信用标准。企业根据商业银行、人民银行、信用评级机构、工商税务部门等保存的信用数据和信息，编制企业信用档案，进而确定客户信用的数量标准，划分信用等级，并以此作为对客户授信的信用标准。第二，信用管理部门设置相对独立的信用管理部门，负责建立客户信用档案，及时了解客户信用状况的变化，并有效、合理地解决企业坏账问题。第三，完善应收账款内部控制政策。该政策可以有效保护货款的完整收回，并降低坏账发生率，提高信用管理效率，保证企业的持续经营。

其次，完善应收账款的事中控制流程。事中控制主要从两个方面着手：第一，强化应收账款的日常监督。日常监督要求企业制定严格管理办法，及时对客户进行信用信息调查，及时了解客户的付款能力、欠款数额、信用等级等指标的变化，并结合严格的会计制度，随时掌握应收账款

的增减变化情况。同时，企业还应该建立坏账准备金制度，及时应对可能的坏账损失。第二，企业应充分重视合同管理。在充分学习和认知《合同法》的基础上，保证企业合同的规范性和合法性。并对比应收账款合同签订内容和数额是否与事前制定的企业信用政策相符合。同时，应严格执行合同审批程序，注意搜集、整理、记录并保存合同相关凭证，做好信用防范工作。

最后，重视应收账款的事后控制。事后控制主要包括两个方面：第一，事后定期对账。企业应制定一整套完整的、规范的、定期的和动态的对账制度，根据产品结构、回款期限、经营条件、账款金额等定期同客户核对账目，并形成具有法律效力的书面文件。第二，实施合理、合法的商账追收方法。企业应遵循成本收益的原则，对信用级别不同的客户，视具体情况而定，确定科学的商账追收方法。

7.1.3 提高企业盈利能力，优化融资渠道

提高企业融资效率的一个重要措施是完善企业资本结构、规范资金使用方式和途径，增强企业盈利能力。一方面，企业盈利能力提高扩大了企业内部自有资金积累，在企业科学合理的资本结构和规范的资金使用途径的保证下，企业就会不断提高留存盈余，增强内部融资效率；另一方面，企业盈利能力的提高，可以使企业外部投资者获得更高的投资报酬率，进而吸引更多外部投资者和资金，企业的融资能力便会随之提升。而融资效率的提升又能帮助企业改善社会声誉，扩大社会影响力，这是一个良性循环的过程。

对于民营企业而言，选取适合的融资模式，优化融资路径，则是其提升融资效率的途径之一。民营企业可以将竞争与合作相结合，通过联盟、合作经营、外包、产业链集群等经营方式的转变，从竞争中寻求合作的机会，发展企业与企业的信用互助，在改变企业战略发展模式的同时，寻求融资模式的创新，提升企业融资效率。例如，民营企业可以通过合作联盟，进行集合发债（捆绑发债），由若干个成长能力强、经营状况好的企业牵头联合申请发债，这种模式不仅可以采取企业互相担保的信用模式，

而且可以通过担保公司的再担保申请信用升级，降低发债的信用风险。同时，民营企业还可以充分运用动产等自有资产进行抵押、质押融资，以盘活资金；或通过让渡部分股权进行融资，以解决企业的资金困难，转让的企业可以是处于同一产业链的上下游企业，也可以是专门的投资公司或其他资金充裕的国企或民营企业。一般情况下，国营企业的融资难度较低，资金充裕，但是碍于机制原因，往往以保守经营为主，缺乏扩展业务和捕捉市场机会的发展能力，民营企业通过让渡股权，进而让渡部分利润给国营企业，因此可以寻求到合作和共同发展的机会。民营企业贡献业绩和收入，国营企业贡献资金来源，并对资金进行监管，两者相互促进、合作共赢。民营企业还可以借助行业协会优化融资渠道。行业协会拥有一个行业内的众多企业会员，熟悉行业内的业务，同时又能与政府、商业银行、监管机构保持密切联系，是企业、行业、政府沟通的桥梁，充分发挥了行业协调、信息沟通以及权益维护等作用，有效地促进了行业内企业的健康发展，提升了企业的综合素质。因此，行业协会可以凭借自身资源优势，为企业的创新融资"筑路铺桥"，降低民营企业的融资成本，提升融资效率。

7.1.4 树立信用管理理念，打造良好信誉形象

诚信是企业生存的根本。企业要拥有一个稳定的融资渠道，诚实守信不可或缺，尤其针对民营企业，应加强内部信用体系建设，推广信用管理理念，打造良好的企业信誉形象。首先，应当做到依法建账、"有借必还"，保持良好的信用记录。同时，要保证财务信息的真实性和完整性，杜绝违法、违纪和弄虚作假行为，按时足额缴纳税款等，随着社会信用体系的逐步建立，企业的信用记录和信用档案信息将会越来越透明，企业的不良信用记录可能导致企业发展举步维艰。其次，确立发展前景，提高产品和服务质量。产品和服务的质量是企业竞争力的源头，也是消费者信任的最终来源，企业应根据市场竞争中的地位、发展趋势和能力，确立企业发展前景和发展策略，以顾客为中心，以提升产品和服务质量为己任。一

个拥有良好前景和发展策略的企业，即使现阶段其规模较小，资金实力并不雄厚，但是仍然能获得其合作伙伴、顾客和商业银行等利益相关者的青睐，进而获得发展机遇。

信用管理理念和良好信誉形象与企业管理者的素质密不可分。企业管理者对信用的认知深刻影响着企业内部信用管理制度的确立，管理者应该树立诚信经营的理念，尊重企业利益相关者的权利，同时，把这种理念传递给企业员工，通过员工、员工生产的产品或提供的服务，将企业信用理念传递给市场，真正意义上树立企业重信誉、讲诚信、守合约的形象。同时，企业管理者应该推动建立企业信用管理机制，这是企业走向现代化信用管理的标志。通过股权改革，建立现代化的企业产业制度；通过设立专职信用管理部门，提高企业信用管理水平；通过建立信用管理岗位责任制，切实分解并落实企业信用责任，明确分工、明晰权责，最终形成企业内部的信用责任链。最后，管理者应该重视信用管理专业人才的培养。企业信用管理是一门专业技术，有研究表明，信用管理人员是企业内部少数的工作责任大于工作权利的人员，从业人员应该拥有金融、财务、管理、信息、法律、统计等多方面综合知识背景，并且还应具有将理论与企业实践结合的出色能力。

7.2 企业外部策略

7.2.1 建立健全民营企业信用担保体系[①]

综观发达市场经济国家和地区建立企业信用担保体系的实践，可以看到，企业信用担保体系在支持本国和本地区企业发展（尤其是民营企业和

---

① 张坤. 中小企业信用担保体系国际经验比较与借鉴 [J]. 中国物价，2016 (6)：70-72.

中小企业发展）、促进经济创新发展等方面都发挥了积极的作用。各国、各地区在建立各自信用担保体系的过程中，有共同遵循的准则，也有根据本国、本地区经济发展现实而发展出的特色之处。

从共同之处来看，首先，发达国家和地区建立信用担保制度的前提是法制化和规范化，都有科学、合理、操作性强且与时俱进的法律法规体系与之相配套，健全的法律体系是保障机构运营、促进业务发展的必要条件。其次，企业信用担保体系的发展与信用担保风险的分散和控制密切相关，比例担保模式、再担保模式、向保险公司投保模式、担保项目收益分享模式等殊途同归。再次，强大、丰富且持久的担保项目资金支持，有力地保障了担保业务的发展和扩大。例如，美国联邦政府对企业担保资金进行直接投入（见图 7.1），日本则由政府作为出资主体，并辅以金融机构和社会团体共同的资金支持（见图 7.2）。最后，政府在税收、财政、政策和法律等方面的强力支持是首要前提，担保机构的保费收入通常无法弥补其管理成本，甚至无法弥补其违约损失，政府的支持则可以有效保障企业信用担保体系（尤其是中小企业信用担保体系）运营的可持续性。

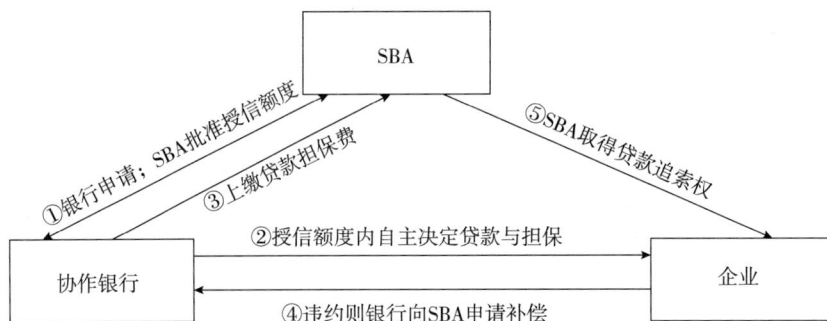

图 7.1　美国企业信用担保操作流程（SBA 模式）

不同之处主要体现在担保资金的运行模式方面。发达市场经济国家和地区一般采用两种不同的担保资金运行模式——政府主导型和市场主导型。采用政府主导型模式的国家和地区包括美国、英国、加拿大、中国香港等，这种模式下，企业信用担保机构作为政府下设的一个机构对企业融

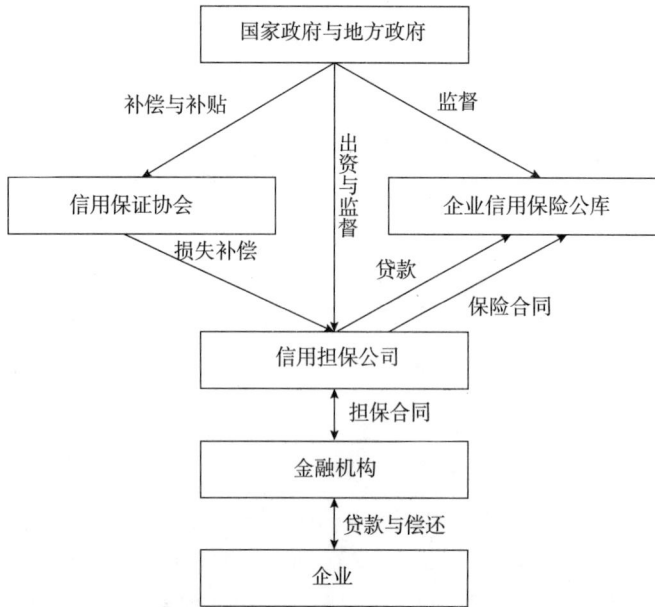

图 7.2　日本企业信用担保运营模式

资实施担保，担保机构具有政府和担保的双重职责，对担保活动负有连带责任。因为担保机构以事前的承诺作为保证，对违约受损方实施事后补偿，这不利于担保风险的事前控制，但可以提高担保的便利性，且不必实现出资，降低了政府财政压力。采用市场主导型的国家包括德国、日本、法国、意大利等，这种模式下，信用担保机构作为独立的法人存在，政府不得从事和干预担保业务，担保机构以自有资金作为事前保证的基础，并将担保资金存入协作银行，违约行为发生后经由专门账户划转给受损银行。该模式清晰地界定了中小企业、银行、政府和担保机构之间的权责，担保机构以担保资金为基础，对担保业务承担有限责任，市场化的运营有利于担保机构实施科学合理的事前风险控制，但是，这种担保模式的申请手续较为烦琐，且担保机构与银行之间的权责较难界定，银行存在转嫁贷款风险的可能性。

综上所述，在建立民营企业信用管理体系，提升民营企业融资效率的过程中，政府扮演着重要的角色。建立健全民营企业信用担保体系是解决民营企业融资难题、促进民营企业健康持续发展的明智之选。

首先，应发挥政府的决定性作用。通过财政预算中的定期拨付和定期投入，建立企业信用担保基金和补偿基金（必要时可以建立专门针对民营企业和中小企业的担保基金和补偿基金），建立担保的财政补偿机制，并将担保资金列入政府财政的年度预算，使我国企业信用担保体系发展获得持续的资金支持。其次，建立以政府为主导的风险分散体系。我国应建立以政府为主导的信用担保风险分散体系，通过制订相关法律，要求金融机构在融资过程中承担一定比例风险，提高贷款的事前和事中控制效率，降低违约风险。还应当发挥我国各地区担保协会的作用，在各地方政府财政支持的基础上，引导担保协会资金和人员进入民营企业信用担保体系内。最后，确定合理的行业收费标准和担保分担比例。企业信用担保机构与协作银行之间应当明确担保范围、分担比例、违约责任、代偿条件、资信评估、保证责任形式等内容，避免全额担保，使协作银行与担保机构共担融资风险。同时，作为高风险、低收益行业，民营企业信用担保机构同时承担了民营企业融资的信用风险、市场风险，协作银行的道德风险等，政府应在遵循风险与收益匹配的基础上，尽快出台担保行业的国家指导价格，并允许在一定范围内自由浮动，保障担保机构的合法权益。

7.2.2　建立健全征信制度和企业信用评级体系

博弈论和信息经济学的理论研究均表明，建立有效、及时、准确和透明的信号传递机制和信息制度，可以有效降低信用交易主体之间的信息不对称现象，从而使信用主体摆脱信息条件约束，同时，使双方获得对等信用信息。因此，企业征信制度和企业信用评估体系的建立，可以有效促进信用交易主体之间的信息交换，减少信息不对称现象，对企业（尤其是民营企业）的信用交易具有重要的促进作用。

1. 建立国内统一的信用标准

由于我国的信用管理行业刚刚起步，征信报告的内容、信用评级代码、信用管理流程、信用数据存储等方面均未建立统一的全国标准，限制了信用信息的传播和共享，因此，信用中介机构应当尽快建立趋于统一的信用标准，提高信用管理的规范性。首先，加快制定统一的信用信息体系标准，主要包括统一的征信数据库系统、数据检索系统、网络传输系统和网络安全协议等，以保证不同地区和不同领域的信用信息互联互通。其次，建立统一的信用信息表达方式。主要包括企业和个人征信报告的格式和内容、信用评级代码体系等。并且削减针对统一征信对象的报告等级，规范征信报告的价格机制，切实降低企业信用分析的成本，增强信用信息的可比性，提高征信效率。基于此，政府可以借助征信行业协会的力量，推动统一化的信用标准的建立，由协会负责制订行业内统一的信息采集标准，并作为技术准则，提高信用信息采集和流通效率，推动行业标准化、规范化发展。同时，也可以考虑直接引进国外先进的征信技术和征信管理理念，结合中国信用市场发展的实际，进行必要的创新和改良。

2. 优化征信管理和运营模式

国外发展经验表明，公共征信模式会带来垄断和权力寻租，因此，无法保持征信机构的独立性和公正性。征信机构和征信行业的市场化运作能表现出较大的活力，因此，越来越多的国家和地区选择民营化的征信运作模式。根据我国经济发展的实际，我国亦可以选择该种模式，政府只负责对征信行业进行必要的监督和约束，不参与实际投资和经营。具体而言，第一，鼓励民间资本进入征信领域。世界较为成功的征信公司（例如美国征信业的典型代表有益百利、环联、艾奎法克斯，以及邓白氏等），其成功经验除了自身长期积累的因素以外，还有一个重要因素是其能够持续获得民间资本支持。第二，鼓励地方性征信机构发展，加快地域性征信服务体系建设。当前，国内征信市场发展尚未成熟，各地区由于经济水平存在差异，对信用产品和服务的需求各不相同，因此，尚不具备建立全国性征信公司的条件。但是，在一个地区内建立征信体系难度较小，征信公司植根当地，对信息采集和提供服务具有一定的便利性，更容易把握市场需求。未来，在地方性征信机构发展成熟后，可以通过机构的并购和集中，进而完成全社会征信服务体系的建立。

3. 完善企业信用评级体系

企业信用评级是通过科学的评估方法和程序，以简明的符号公正客观地表示企业履行经济承诺的能力和意愿。我国信用评级行业的发展尚处于起步阶段（开始于20世纪80年代），主要原因有两个：其一，多数企业，尤其是民营企业缺乏信用评级意识，没有将信用评级结果作为企业信用决策的主要依据，因而，企业对信用评级产品和服务的需求不高；其二，现阶段国内企业信用评级体系的标准化建设有待加强。指标体系、方法、流程等均未标准化，信息的可比性和共享性较低，且全国性的权威评级机构尚未成立，评级结果的准确性和客观性尚有存疑。因此，要完善企业信用评估体系，应该从以下四个方面着手：第一，提高企业信用评级意识。现阶段，我国企业参与信用评级的主观意愿不强，政府应采取强制性措施，将信用评级结果作为一项重要的考核和监管指标，以及金融机构开展信贷业务的重要参考指标，切实体现信用评级的市场价值，提高企业信用评级意识。第二，完善企业信用评级组织架构。政府应当重视对专业性信用评级机构的培育，扩大评级机构的规模，提高信用评级水平，扩大其社会影响力。同时，应当加强区域性评级机构间的合作，提供信息共享效率，并推动全国性的评级机构的建立。也应当加强评级行业的国际交流合作，积极开展跨国评级业务，提高国内评级机构的国际影响力。第三，统一评级标准。应当由政府或人民银行主导建立全国统一的企业信用评级指标、准则和方法，提高评级结果的公正性、科学性、客观性和规范性。同时，评级标准的制定还应该兼顾区域经济发展差异，具有一定的灵活性。第四，推动评级机构多元化发展。现阶段，国内企业的信用评级工作主要由商业银行组织完成，政府应当借鉴发达信用市场的经验，加快培育以民间管理组织为代表的、专业的信用第三方评级机构，推动第三方评级市场的发展。

4. 推动征信和评级的技术辅助机制发展

企业信用体系建设，尤其是征信制度和信用评级体系建设，离不开必要的技术辅助机制。信息、网络和计算机技术的发展，在一定程度上降低了信用交易中的信息不对称现象，同时，新科技对信用信息搜集、建档、传播、监督管理等方面也起到了促进作用。因此，首先，政府应加快建立信用信息的网络共享平台，加大软硬件的研发和投入，加快信用信息数据库建设，还应该注意平台的兼容性和可扩展性，为企业信用体系建设打下物质基础。其次，应当保证信用信息的真实性、时效性和安全性，这就需要建立健全信用数据库和网络平台的安保措施，可以采取国际通用的防火墙技术、加密技术、网络传输技术等信息处理标准和主流技术，确保企业隐私和商业机密的安全。同时，也应该关注征信和评级对象身份鉴别的准确性，并加强对征信机构和评级机构的日常监管。最后，重视市场技术的作用。新技术为信息的传输带来了巨大的变革，尤其是对信用信息的传输和组织具有革命性意义，对信用交易行为起到了一定的制约作用，也对企业管理信用问题具有重要的推动作用，并且，新技术也成为监管者实施高效监管的重要工具之一。因此，企业、政府、投资者和消费者都应该充分认识市场技术对信用、信用交易和信用管理的意义，加快创新，敢于变革，以应对信用经济时代的挑战。

7.2.3 建立健全企业融资监管机制

1. 建立健全信用法律体系

健全的法律体系是维系正常信用关系的根本。现阶段，国内信用相关的法律包括《合同法》《票据法》《民法通则》《担保法》等，但是，针对公司破产、企业股权改制、证券公司违规经营等失信行为，并没有专门的法律进行约束，系统的信用管理法律体系尚未建立。同时，现有的法律法规中，存在许多与征信、信用信息披露、信息传播相冲突的地方。例如，《商业银行法》中就有规定，商业银行不得随意将储户的信息向第三方披露；《统计法》中也有规定，禁止对通过统计法依法取得的数据进行交易。这些法律法规对现代化的企业信用管理实践起到了阻碍作用，限制了企业信用管理的业务范围和功能。相关部门应尽快对冲突的地方进行修订或解释，为信用数据的征集、开放、传播和共享提供必要的法律依据。另外，政府应该推动建立信用信息安全相关法律，保护信用交易主体的隐私权，通过法律明确规定信用信息的使用范围、目的和途径。信用信息的消除、更新等也应该有法律依据，切实通过法律有效保护信用交易主体的知情权和隐私权。

2. 建立信用信息共享机制，加大信息披露范围和频率

规范的信用交易信息使用和共享机制，为征信机构采集和使用信用信息提供制度保障，信用交易数据的使用和共享，需要有明确的法律法规进行规范和约束。例如，美国的《公平信用报告法》、欧盟的《欧盟数据保护法》等，而现阶段我国在这方面的法律仍然欠缺，制定相关法律法规，规范信用信息的使用、传播和共享行为是当务之急。

首先，要建立信用信息的共享机制。由于信用交易的复杂性和分散性，单一的征信机构很难保证信用信息（征信数据）的全面性和准确性。信用信息共享则可有效弥补这样的不足。这就要求，一方面，社会尽快建立信用信息大平台，工商税务、商业银行、社会保险等部门将其所掌握的企业信用信息，在合法的前提下，通过一定的方式和渠道向特定机构提供，进行信用信息的互通、共享和传播；另一方面，应当充分发挥行业协会在企业信用体系建设中的作用，鼓励在各行业内部定期开展联合征信活动，逐步建立行业内部的信息共享系统和平台，提升业内信息对称度，减少行业内的失信行为。诚然，这样的信息共享机制，需要有统一的技术标准，包括统一的数据对接标准、统一的网络通信协议标准、统一的数据库类型等，以有效保证信用信息共享的高效性、透明性和时效性，同时，也便于对信用信息进行统一处理、分析和对比。

其次，要增加信用信息的传播范围和披露频率。在征信机构披露企业信用信息的基础上，政府应当适时增加信用信息的传播渠道，加大信息披露的频率，可以采用电视、网络、报纸等媒介，真实、准确并及时地披露企业信用信息，借助舆论导向"惩恶扬善"，提高全民信用和风险意识，并为信用交易决策提供依据。同时，政府应当加强对证券市场中，企业信用信息合规性和真实性的监管。企业财务信息是企业信用水平的集中体

现，财务信息失真也是造成企业信用风险的主要原因，我国证券市场中存在较为严重的企业财务造假，同时，财务信息的更新频率也较慢，这些都严重挫伤了市场投资者的信心。因此，政府应当加大监管力度，完善信息披露制度，规范证券市场健康运行。

最后，要扩大信用信息的开放度。现阶段，我国企业的信用信息大多集中在工商税务、海关、人民银行、商业银行等政府部门（或带有一定政府色彩的部门），信息的开放度较低，尤其是对民间机构和民营企业而言，获取信用信息的成本较高。由此可见，政府部门增强信息的开放度，已经成为改善信用交易信息不对称问题的关键。各级政府部门应着力解决信用信息的分割和封闭现状，协调好各级各部门关系，并建立信用信息披露问责制度，扩大信用信息开放度。

3. 加大信息披露违法处置力度，制订科学的财务规范体系

当前，国内企业违规违法披露财务信息现象屡禁不止的原因是处罚力度不够，法律法规的震慑作用不强，企业违规披露财务信息获得的融资利益远大于信用违约成本，企业的违规违法记录并未向市场公布。因此，要加大对相关责任人的惩罚性制裁力度，提高企业主观财务造假的罚金，强化民事赔偿责任的法律追究。同时，还应该加快建立健全国有企业和民营企业高管的个人信用记录，对高管的失信、违约、违规、违法行为进行公示，增加其违规成本。

企业应尽快建立科学配套的财务规范体系。首先，建立公正的审计机制，以保证企业财务信息的规范化披露，会计师事务所应该保持独立性、自律性，强化内部管理，严格执行合伙制管理，强化其审计责任，提高审计质量。其次，制定配套科学的会计规范，以规范企业会计信息和行为。企业财务信息披露的前提是企业具备规范的会计行为，以及由此生成的公允会计信息。因此，要尽快建立会计准则、会计法、企业内部会计制度等一系列会计规范体系，使企业会计工作有章可循、有法可依。最后，建立健全财务信息披露准则，以保障企业财务信息披露的真实性、及时性和充分性。随着经济全球化发展和金融市场化改革的推进，建立一套符合中国国

情，并与国际通行财务和会计惯例相接轨的财务信息披露准则势在必行，准则的制订应基于市场化、整体性、发展性和稳定性的视角，结合中国经济发展现实的同时，也应充分考虑与国际公认财务会计准则的相容性。

4. 完善证券市场信息披露机制，重视预测性财务信息

现阶段，国内的《会计法》主要通过刑事责任和行政责任两种法律手段对企业财务违法当事人进行查处。但是，由于财务违规违法的处罚刚性不强，惩罚力度不够，且查处概率较低，造成现阶段国内企业的财务违法成本较低，在利益面前，企业铤而走险的事件常有发生，财务信息披露的质量较低。且现阶段对企业履行诚信责任的监管手段较为落后，新技术、新方法并没有得到普遍应用，针对企业的信用评级和信用信息公告制度尚未建立健全。因此，要健全企业信用市场的财务信息披露制度，就应该从以上方面着手，严厉惩处企业财务失信和违规违法行为，建立企业管理者信用记录数据库，并及时对外公告违规记录，切实加大信用违约的成本。应当对证券市场进行国际化的改革，参考国际通行管理，将对证券市场的监管集中在两个方面：一方面，中央证券监管机制，主要从宏观角度对上市公司和发债企业的信息披露进行统一监管和政策制定；另一方面，各地证券监管机制，在遵照中央监管机制相关规定的前提下，对上市公司和发债企业的经营日常实施精细监管。各地区证券监管部门应制订切实可行的财务信息披露监督法规，明确界定信用违规违约行为，加大执法强度，对财务异常企业进行重点监督，督促企业树立守法守规的信用和法制意识。

与此同时，应当注重预测性财务信息的披露。预测性财务信息能够有效地表明企业未来经营业绩，方便投资者和债权人做出理性投资决策，最大限度地化解可能的投资风险，进而增强证券市场信息披露的有效性、充分性。现阶段，国内已经制订并执行了《股票发行与交易管理暂行条例》《公开发行股票公司信息披露细则》等一系列公司信息披露法规，但是，政策的执行效力不高，财务信息披露行为仍不规范，预测信息质量偏低，信息披露成本居高不下。而针对民营企业和中小企业的财务预测信息披露机制尚未建立。相关研究表明，上市公司更倾向于主动且直接地提供其财

务预测信息。政府可以推行各项具体措施，因势利导，规范、强化并完善上市公司的预测信息披露行为。

7.3　本章小结

综合本书所有章节内容分析可以看出，我们研究的最终目的是提高企业的融资效率，同时探究企业信用对企业融资效率的作用机理和影响路径，笔者发现，完善企业信用管理机制，建立健全现代化的企业信用管理体系是提升企业融资效率的可选路径之一。本章的研究不再拘泥于对民营企业信用管理问题的阐述，而是以民营企业信用管理的问题为出发点，对国内企业信用体系建设提出可行性建议。

企业信用管理本身即为企业运营的一项重要制度。企业信用管理的制度性变迁和演进，可以纳入制度经济学研究范畴，新制度经济学强调对交易成本和交易费用的研究，这与本书在研究企业信用与企业融资效率过程中采用融资成本作为中间变量的思路吻合。这也为笔者以后以新制度经济学的研究视角研究信用问题提供了思路。本章尝试从制度经济学视角入手，将企业信用管理作为推动企业发展的一项制度进行阐释，分析其制度特征，分别从企业的内、外两个视角，分析建立健全现代化企业信用管理制度的方法和路径。建立企业信用管理体系的内部策略主要包括弱化信息不对称的影响力度，完善财务管理与信息披露制度；提高企业经营管理能力，降低企业经营风险；提高企业盈利能力，优化融资渠道；树立信用管理理念，打造良好信誉形象等。外部策略主要着眼于企业生存和发展的外部环境，包括企业信用担保体系建设、企业征信制度和信用评级体系建设、企业信用和融资的相关法律建设等。总之，本章将企业信用管理制度建设作为本篇文章的最终落脚点，强调在经济新常态下，制度建设对提升企业信用管理水平、提高企业融资效率的理论和现实意义。

第8章

结论与展望

8.1 主要结论

本书的研究主要着眼于企业信用对企业融资效率的作用和影响,探究企业信用对企业融资效率的作用机理和影响路径。具体而言,在阐述企业信用与企业融资效率相关理论的基础上,重点结合民营企业信用管理的意义和融资效率的现实,对企业信用与融资效率的作用机制和影响路径展开分析。实证分析部分主要包含三个层次:第一,以企业融资成本为中间变量,分析企业信用、企业融资成本与企业融资效率的相关关系。第二,以企业资金利用率为中间变量,分析企业信用、企业资金利用率与企业融资效率的相关关系。这两部分的研究体现了企业信用对企业融资效率的"作用机理"。第三,对比分析了不同信用评级企业的不同融资效率,探究了企业信用对企业融资效率的"影响路径"。最后,笔者从企业内部和外部两个角度,阐明了完善企业信用管理体系,提高企业融资效率的路径选择。本书具体的研究结论如下:

1. 文献综述部分

国内外极少有学者专门针对企业信用与企业融资效率问题进行专项研究。笔者具体分析了其中的原因,并通过对企业信用和融资效率相关经典文献的综述和分析，尝试探索企业信用与企业融资效率各影响因素之间存在的理论关联性。借用西方经济学中，企业融资效率影响因素的经典文献的研究逻辑和研究方法，结合我国经济发展的现实，选择在证券市场发行企业债券的民营企业作为研究对象，并基于信息不对称的假设前提，探究本书研究问题的理论依据和支撑。

首先，文献综述部分对本书所涉及的相关术语进行了适合本书内容的范畴界定。概括得出企业信用的含义为"在不确定条件或信息不对称条件下，社会对企业在融资活动中履行约定能力与意愿的评价与预期"。并明确界定了融资效率的范畴——成本与收益视角的融资效率和企业对于所筹集资金的配置效率（资金利用率）。并概括指出企业融资成本所包含的内容为资信评级费用、营销费用，以及在融资活动中企业所需支付的利息和代理费用等。

其次，分别对融资效率的经典文献和企业信用管理的相关文献进行梳理，尤其关注了企业信用与融资效率相关性的研究成果。其中，融资效率的经典理论包括 MM 定理、代理成本理论、交易费用理论以及信用评级对于企业融资活动的影响的相关研究成果。通过对 MM 定理假设条件的逆向思考，可以看出信息不对称条件下企业融资成本应该包括为消除信息不对称影响而支付的费用，而成本的产生又与信息不对称和企业信用水平相互关联，这些成果为本书将融资成本作为企业信用和融资效率的重要中间变量提供了理论支撑。同时，对国内外为数不多的有关企业信用或者信用评级与企业融资成本、融资效率的关系的文献进行了梳理，以佐证本书研究最终结果的正确性。由于研究企业信用和融资效率作用机理与影响路径的相关成果较少，间接地说明了本书的研究具有一定的理论意义和创新性。

2. 现状分析部分

现状分析部分对企业信用缺失问题的现象和原因进行了分析，认为国有企业"三角债"、债券违约、失信经营等企业失信行为出现的根本原因是信息不对称。因此，解决企业失信问题的关键在于削弱信息不对称所造成的影响，主要手段是建立健全企业征信体系。当企业失信行为普遍存在时，市场风险预期便会提高，为对冲风险，企业在融资过程中不得不支付更高的利率，并且，投资者出于安全性和自身风险偏好的考虑，往往倾向于进行短期投资，增加了企业的偿债压力。对企业信用缺失行为的分析，目的在于突出信用对于企业的重要作用，为后文研究企业信用与融资效率之间的关系做铺垫。同时，本部分也对我国企业征信体系现状作了简要评述，为后文以评级结果为企业信用水平标尺提供理论和现实依据。

3. 实证分析部分

实证分析部分共分成三个章节，分别以融资成本率和资金利用率为中间变量，研究了企业信用对融资效率的作用机理，并对两类不同信用评级的企业融资效率进行对比分析，以探索企业信用对企业融资效率的具体影响路径。

第一部分，从理论层面分析企业信用与融资成本的影响，选择 2012～2018 年新发行债券的民营企业进行实证分析，以验证企业信用对融资成本的具体影响。通过分析融资成本与融资效率的影响机制，得出融资成本能够直接影响融资效率的结论，在企业信用影响融资成本，而融资成本又直接影响融资效率的基础上，得出企业信用能够影响企业融资效率的结论。具体而言，笔者选取企业信用、企业规模、资产运营、总资产收益率、单位资产现金流入和金融机构贷款率这六个指标分析企业信用对债务融资成本的具体实证影响，分析得出，企业信用能够影响融资成本。企业融资通常由债务融资和股权融资构成，企业在进行融资时，考虑两种融资方式的融资成本，能够影响融资结构，进而影响融资效率。而企业信用能够影响融资成本，进而企业信用能够影响融资效率。从影响因素的递进关系中，发现了企业信用对融资效率的影响机理。

第二部分，选取 2012～2018 年在深交所和上交所发行债券的民营企业作为研究对象，遵循全面性、客观性和可操作性的原则，从领导者素质、经营管理能力、盈利能力、偿债能力、发展潜力和信用水平这六个层面构建评价企业信用级别的相关指标，通过主成分分析法（PCA）和二项 Logistic 回归模型，计算民营企业的信用评级值，并与国有企业的信用评级值进行对比分析。具体而言，笔者分别从领导者素质、经营管理能力、盈利能力、偿债能力、发展潜力和信用水平这六个层面构建评价企业信用级别的相关指标，分析企业信用级别与融资效率的关系。实证研究发现：国有企业的信用评级高于民营企业；企业的信用级别、发债总额与企业债务融资成本负相关，与资金利用率正相关；企业发债期限与融资成本正相关，与资金利用率正相关；企业的偿债能力、财务状况、营运能力和发展能力与企业债务融资成本负相关，与资金利用率正相关。以企业资金利用率为中间变量，进一步发现了企业信用与企业融资效率之间的作用机理，同时，相关变量对企业融资效率的影响关系，也可以间接体现企业信用对融资效率的影响路径，下一步的研究将使影响路径更加明朗化。

第三部分，基于民营企业信用评级的角度，选取企业债务情况、债务期限、资本成本率、主营业务利润率、应收账款周转率和主营业务收入增长率作为研究变量，分析不同信用级别企业融资效率的影响因素，将不同企业信用级别各指标分别进行对比，研究发现：AAA 级企业资金成本率低于 BBB 级企业，而资金利用率高于 BBB 级企业，即企业信用级别越高，企业融资效率越高，企业信用对融资效率具有正向作用。在分析企业信用对融资效率的影响作用时，发现 AAA 级企业债务融资规模的最小值和最大值均高于 BBB 级企业，说明信用级别较好的企业，除自身运营及发展状况较好外，债务融资的规模也较大。AAA 级企业债务融资期限的最小值和最大值均高于 BBB 级企业，但是相差较小，说明债务融资期限与企业信用级别无相关性或者相关性较小。AAA 级企业 2012～2018 年主营业务利润率、应收账款周转率、企业发展潜力的均值均高于 BBB 级企业，说明信用级别高的民营企业，在经营状况、财务状况和自身发展状况等方面均高于信用级别低的民营企业，因为信用评级主要是根据企业自身经营运转状况和政府等外界机构对企业的评判，企业自身状况较好，违约率较低时，才能获得较高的信用级别。可见，信用级别能够较好地反映企业的发展、经营等状况，不同信用级别企业的融资效率不同，通过对比分析也可以发现，企业信用可以通过融资成本、资金利用率、融资期限、融资规模等路径影响企业融资效率。

4. 政策建议部分

综合全书的分析不难发现，完善企业信用管理机制，建立健全现代化的企业信用管理体系是提升企业融资效率的可选路径之一。政策建议部分不再拘泥于对民营企业信用管理问题的阐述，而是以民营企业信用管理的问题为出发点，对国内企业信用体系建设提出可行建议。企业信用管理本身即为企业运营的一项重要制度。企业信用管理的制度性变迁和演进，可以纳入制度经济学研究范畴。因此，笔者尝试从制度经济学视角入手，将企业信用管理作为推动企业发展的一项制度进行阐释，分析其制度特征，分别从企业的内、外两个视角，建立健全现代化企业信用管理制度的方法和路径。建立企业信用管理体系的内部策略主要包括弱化信息不对称的影响力度，完善财务管理与信息披露制度；提高企业经营管理能力，降低企业经营风险；提高企业盈利能力，优化融资渠道；树立信用管理理念，打造良好信誉形象等。外部策略主要着眼于企业生存和发展的外部环境，包括企业信用担保体系建设、企业征信制度和信用评级体系建设、企业信用和融资的相关法律建设等。

8.2 可能的贡献

第一，以历史的视角，总结归纳了中华人民共和国成立以来，我国企业信用和企业融资效率关联发展的四个阶段，进而提出本书的主要研究问题：企业信用对企业融资效率的作用机理和影响路径。现阶段，国内尚未找到类似的研究，已有的研究往往只是从某些单独的视角进行研究，缺乏系统性、全面性。

第二，研究对象的创新。首先，企业融资和融资效率问题的研究是经济学和金融学研究的经典问题，但是国内外较少有学者从企业信用的视角对企业融资效率问题进行研究。本书尝试研究企业信用对企业融资效率的影响机理和影响路径，最终研究的落脚点是通过企业自身的信用建设（企业内部和外部的信用制度建设），以提升企业融资效率。其次，由于现阶段国内民营企业往往存在融资难的问题，并已经成为制约我国经济发展的重要障碍之一，同时，许多民营企业纷纷开始寻求高效的外源融资渠道。本书从民营企业角度出发，根据发债民营企业的信用状况，分析其融资效率，为民营企业获得较高的融资效率提供相关建议。

第三，研究方法的创新。首先，本书以信息不对称为研究的基本假设前提，对企业信用与企业融资效率的作用机理和影响路径进行实证分析。在信息不对称条件下，融资成本的构成为利率、营销费用、代理费用等，证明企业信用与企业融资成本呈负相关关系，进而分析发现企业信用与融资效率呈正相关关系。利用企业信用评分中的运营能力得分与政府监管得分表示企业信用，分析企业信用与企业资金利用率之间的关系，发现两者呈正相关关系。采用企业信用评级测度企业信用，对不同信用评级企业的融资效率分类进行比较分析，证明企业信用与企业融资效率之间存在正相关关系。其次，本书通过对比分析，尝试构建民营企业的信用评价系统，以期更系统、更全面、更科学地评估企业的信用风险。同时，从企业融资效率与企业信用关系的角度，分析信用评级对企业融资效率的具体影响。通过对具体案例的对比分析，更加详细、清晰地说明信用等级较高的企业相对于低信用等级企业的融资优势，能够较好地解决民营企业的融资困境。

8.3 研究存在的不足及展望

第一，数据收集的不足。在民营企业系统中，普遍存在数量多、分布广、信息不透明等特点，且上市的民营企业总量并不大，因此，要搜集相关的信用数据难度较大。为了方便研究，笔者选取已发债且存在债券评级的民营企业作为研究对象，这导致本书的研究样本不够全面，在一定程度上影响民营企业信用等级与融资效率关系的评估。与本书相类似的研究企业信用与融资效率关系的文献较少，或是难以借鉴，增加了课题的研究难度。同时，实证分析内容和涉及的实证数据过多，本书在分析过程中需要收集大量的数据资料，增加了研究的难度。

第二，实证分析指标选取的不全面性。由于民营企业进行外部融资的过程中，牵涉的相关信用指标较多，且部分指标无法用客观的数据表示，因此，笔者选择了采用替代指标代替的方法，例如领导素质指标，本书就使用"管理者学历"和"工作年限"来综合衡量。但是，这样的做法具有一定的主观判断，在一定程度上会影响信用评估的准确性。同时，只有一部分的企业信用数据可以获得，大多数相关数据并不存在，这成为本书政策建议中，倡议政府尽快建立健全民营企业征信系统的政策出发点。

未来，笔者希望能继续从三个方面对企业信用管理进行全面深入的研究。其一，在我国逐步建立健全企业征信系统的基础上，希望可以获取更加全面、科学、真实的，表征企业信用水平的信用数据。这样不仅能够将研究对象扩展至在资本市场进行融资的国有企业，也能够涉及未公开发行企业债券的中小微企业，加深对全面企业信用管理的研究。由此可见，建立健全一个覆盖全社会各种类型企业的征信和信用评级系统势在必行。其二，本书仅对企业信用与企业融资效率的作用机理和影响路径进行了浅显的分析，企业信用的影响绝不仅限于此，还包括对企业内外，诸如企业文化、治理结构、企业生命周期、金融稳定、互联网金融、金融市场和金融工具创新等多方面因素的影响。这些交叉影响关系，共同构成了现代企业信用管理体系，要建立现代企业信用管理研究体系，任重而道远。其三，作为社会信用体系建设的重要微观组成部分，企业信用管理体系建设的意义深远。从实践角度探索企业信用管理体系建设的可行路径和方法，将是信用管理从业者和学者未来探索的重要领域。

参考文献

[1] Acemogllu D. , Johnson S, Robin J. A. The Colonial Origins of Comparative Development: An Empirical Investigation [J]. The American Economic Review, 2001, 91 (5): 1369-1401.

[2] Agoraki M. K. , Delis M. D. , Pasiouras F. Regulations, Competition and Bank Risk - Taking in Transition Countries [J]. Journal of Financial Stability, 2011, 7 (1): 38-48.

[3] Aivazian V. A. , Ge Ying, Qiu Jiaping. The Impact of Leverage on firm Investment: Canadian Evidence [J]. Journal of Corporate Finance, 2005 (11): 277-291.

[4] Aktas N. , De Bodt E. , Lobez F. , et al. The Information Content of Trade Credit [J]. Journal of Banking & Finance, 2012, 36 (5): 1402-1413.

[5] Allen F. , Qian J. , Qian M. Law, Finance, and Economic Growth in China [J]. Journal of Financial Economics, 2005, 77 (1): 57-116.

[6] Allen F. , Gale D. Comparing Financial Systems [M]. Cambridge: MIT Press Books, 2001.

[7] Ang J. , Cheng Y. , Wu C. Social Capital, Cultural Biases, and Foreign Investment in High Tech Firms: Evidence From China [R]. Florida State University, 2009.

[8] Alokparna B. M. , Deborah R. J. What Makes Brands Elastic? The Influence of Brand Concept and Style of Thinking on Brand Extension Evaluation [J]. Journal of Marketing, 2010, 74 (3): 80-92.

［9］ AL-Shubiri F. N. Analysis the Relationship between Liquidity, Credit Risk and Market Value in Commercial Jordanian Banking ［J］. International Journal of Academic Research, 2013, 5 (5): 109-113.

［10］ Ana M. , Aguilera, Manuel Escabias, Mariano J. , Valderrama. Using Principal Components for Estimating Logistic Regression with High Dimensional Multi-collinear Data ［J］. Computational Statistics & Data Analysis, 2006, 50 (8): 1905-1924.

［11］ Antoniou A. , Gnney Y. , Panfyal K. The Determinants of Corporate Debt Maturity Structure: Evidence from France, Germany and the UK ［J］. European Financial Management, 2006 (12): 161-194.

［12］ Atanasova C. , Wilson N. Disequilibrium in the UK Corporate Loan Market ［J］. Journal of Banking & Finance, 2004, 28 (3): 595-614.

［13］ Atanasova C. How Do Firms Choose Between Intermediary and Supplier Finance? ［J］. Financial Management, 2012, 41 (1): 207-228.

［14］ Bacchetta P. , Wincoop E. Can Information Heterogeneity Explain the Exchange Rate Determination Puzzle? ［J］. American Economic Review, 2006, 96 (3): 552-576.

［15］ Banerjee A. V. , Besley T. , Guinnane T. W. The Neighbor's Keeper: The Design of a Credit Cooperative with Theory and a Test ［J］. Quarterly Journal of Economics, 1994 (22): 925-954.

［16］ Bastos R. , Pindado J. Trade Credit During a Financial Crisis: A Panel Data Analysis ［J］. Journal of Business Research, 2013, 66 (5): 614-620.

［17］ Bastos R. , Pindado J. An Agency Model to Explain Trade Credit Policy and Empirical Evidence ［J］. Applied Economics, 2007, 39 (20): 2631-2642.

［18］ Batjargal B. , Liu M. Social Capital and Entrepreneurial Performance in Russia: A Longitudinal Study ［J］. Organization Study, 2003, 24 (4): 535-556.

［19］ Becker B. , Milbourn T. How Did Increased Competition Affect Credit Ratings? ［J］ Journal of Financial Economics, 2011, 101 (3): 493-514.

［20］ Behr P. , Entzian A. , Gtittler A. , How Do Lending Relationships Affect Access to Credit and Loan Conditions in Micro-lending ［J］. Journal of Banking & Finance, 2011, 35 (8): 2169-2178.

［21］ Berger A. N. , Klapper L. F. , Udell G. F. The Ability of Banks to Lend to Informationally Opaque Small Businesses ［J］. Journal of Banking & Finance, 2001, 25 (12): 2127-2167.

［22］ Bharath S. T. , Dahiya S. , Saunders A. , Srinivasan A. Lending Relationships and Loan Contract Terms ［J］. Review of Financial Studies, 2007, 24 (24): 1141-1203.

［23］ Bodenhorn H. Short-term Loans and Long-term Relationships: Relationship Lending in Early America ［J］. Journal of Money, Credit and Banking, 2003, 35 (4): 485-505.

［24］ Bolton P. , Freixas X. Shapiro J. The Credit Ratings Game ［J］. The Journal of Finance, 2012, 67 (1): 85-111.

［25］ Boot A. W. , Milbourn T. T. , Schmeits A. Credit Ratings as Coordination Mechanisms ［J］. Review of Financial Studies, 2006, 19 (1): 81-118.

［26］ Booth L. , Aivazian V. , Kunt A D. Capital Structure in Developing Countries ［J］. Journal of Finance, 2001, 56 (1): 87-130.

［27］ Borgatti S. P. , Foster P. C. The Network Paradigm in Organizational Research: A Review and Typology ［J］. Journal of Management, 2003, 29 (6): 991-1013.

［28］ Borisova G. , Megginson W. L. Does Government Ownership Affect the Cost of Debt? Evidence from Privatization ［J］. Review of Financial Studies, 2011, 24 (8): 2693-2737.

［29］ Bougheas S. , Mateut S. , Mizen P. Corporate Trade Credit and Inventories: New Evidence of a Trade-off from Accounts Payable and Receivable ［J］.

Journal of Banking & Finance, 2009, 33 (2): 300-307.

[30] Boyd J. H. , G. D. Nicoló. The Theory of Bank Risk Taking and Competition Revisited [J]. The Journal of Finances, 2005, 60 (3): 1329-1343.

[31] Brandt L. , Li H. B. Bank Discrimination in Transition Economics: Ideology, Information or Incentives? [J]. Journal of Comparative Economics, 2003, 31 (3): 387-413.

[32] Brown M. , Jappelli T. , Pagano M. Information Sharing and Credit: Firm-level Evidence from Transition Countries [J]. Journal of Financial Intermediation, 2009, 18 (2): 151-172.

[33] Burkart M. , Ellingsen T. In-kind Finance: A Theory of Trade Credit [J]. American Economic Review, 2004 (94): 569-590.

[34] Campbell J. L. , Dhaliwal D. S. , Schwartz W. C. Financing Constraints and the Cost of Capital: Evidence From the Funding of Corporate Pension Plans [J]. Review of Financial Studies, 2011, 56 (7): 107-119.

[35] Capaldo A. Network Structure and Innovation: The Leveraging of a Dual Network as a Distinctive Relational Capability [J]. Strategic Management Journal, 2007, 28 (6): 585-608.

[36] Carbb Valverde S. , Humphroy D. B. Deregulation, Bank Competition and Regional Growth [J]. Regional Studies, 2003, 37 (3): 227-237.

[37] Casey E. , O' Toole C. M. Bank Lending Constraints, Trade Credit and Alternative Financing During the Financial Crisis: Evidence from European SMEs [J]. Journal of Corporate Finance, 2014 (27): 173-193.

[38] Chakraborty A. , Mallick B. Credit Gap in Small Business: Some New Evidence [J]. International Journal of Business, 2012, 17 (1): 65-80.

[39] Chen K. P. , Chu C. Y. Internal Control versus External Manipulation: A Model of Corporate Income Tax Evasion [J]. The RAND Journal of Economics, 2005, 36 (1): 151-164.

[40] Chen S. , Sun Z. , Tang S. , et al. Government Intervention and In-

vestment Efficiency: Evidence from China [J]. Journal of Corporate Finance, 2011, 17 (2): 259-271.

[41] Childs P. D., Mauer D. C., Ott S. H. Interactions of Corporate Financing and Investment Decisions: The Effects of Agency Conflicts [J]. Journal of Financial Economics, 2005, 76 (3): 667-690.

[42] Chor D., Manova K. Off the Cliff and Back? Credit Conditions and International Trade During the Global Financial Crisis [J]. Journal of International Economics, 2012, 87 (1): 117-133.

[43] Chu A., Cozzi G. R&D and Economic Growth in a Cash-in-advance Economy [J]. International Economic Review, 2014 (55) 507-524.

[44] Chu A., Cozzi G., Lai C., Liao C. Inflation, R&D and Growth in an Open Economy [R]. MPRA Paper No. 60326, 2014.

[45] Chu A., Lai C. Money and the Welfare Coat of Inflation in an R&D Growth Model [J]. Journal of Money, Credit and Banking, 2013 (45): 233-249.

[46] Cole R. Bank Credit, Trade Credit or No Credit: Evidence from the Surveys of Small Business Finances [R]. Working Paper, 2010.

[47] Collins C. J., Clark K. D. Strategic Human Resource Practices, Top Management Team Social Networks, and Firm Performance: The Role of Human Resource Practices in Creating Organizational Competitive Advantage [J]. Academy of management Journal, 2003, 46 (6): 740-751.

[48] Costello A. M., Wittenberg-Moerman R. The Impact of Financial Reporting Quality on Debt Contracting: Evidence From Internal Control Weakness Reports [J]. Journal of Accounting Research, 2011, 49 (1): 97-136.

[49] Coulibaly B., Sapriza H., Zlate A. Financial Frictions, Trade Credit, and the 2008-09 Global Financial Crisis [J]. International Review of Economics & Finance, 2013 (26): 25-38.

[50] Cull R., Xu L. C. Institutions, Ownership, and Finance: The De-

terminants of Profit Reinvestment among Chinese Firms [J]. Journal of Financial Economics, 2005, 77 (1): 117-146.

[51] Cull R. , Xu L. C. , Zhu T. Formal Finance and Trade Credit during China's Transition [J]. Journal of Financial Intermediation, 2009, 18 (2): 173-192.

[52] Cuñat V. Trade Credit Suppliers as Debt Collector and Insurance Providers [J]. Review of Financial Studies, 2007, 20 (2): 491-527.

[53] Cun-Hui Zhang. Nearly Unbiased Variable Selection under Minimax Concave Penalty [J]. The Annals of Statistics, 2010, 38 (2): 894-942.

[54] Danielson M. G. , Scott J. A. Additional Evidence on the Use of Trade Credit by Small Firms: The Role of Trade Credit Discounts. Mimeo [M]. Philadelphia: Fox School of Business and Management, Temple University, 2011.

[55] Degryse H. , Cayseele P. V. Relationship Lending within a Bank - Based System: Evidence from European Small Business Data [J]. Journal of Financial Inter-mediation, 2010, 9 (1): 90-109.

[56] Degryse H. , Ongena S. Distance, Lending Relationships, and Competition [J]. The Journal of Finance, 2005, 60 (1): 231-266.

[57] Demirguc-Kunt A. , Maksimovic V. Firm as Financial Intermediaries: Evidence from Trade Credit Data [R]. World Bank Policy Research, Working Paper No. 2696, 2002

[58] Desai M. , Dharmapala D. Corporate Tax Avoidance and High - powered Incentives [J]. Journal of Financial Economics, 2006, 79 (1): 145-179.

[59] Dhaliwal D. C. , Hogan R. , Trezevant, Wilkins M. Internal Control Disclosure, Monitoring, and the Cost of Debt [J]. The Accounting Review, 2011, 86 (4): 1131-1156.

[60] Diagne A. , Zeller M. , Sharma M. Empirical Measurements of Households' Access to Credit and Credit Constraints in Developing Countries:

Methodological Issues and Evidence [R]. FCND Discussion Papers, 2000.

[61] Donohoe M P. The Economic Effects of Financial Derivatives on Corporate Tax Avoidance [J]. Journal of Accounting and Economics, 2015, 59 (1): 1-24.

[62] Duchin R. , Ozbas O. , Sensoy B. A. Costly External finance, Corporate Investment and the Subprime Mortgage Credit Crisis [J]. Journal of Financial Economics, 2010, 97 (3): 418-435.

[63] Durlauf S. , Fafchamps M. Empirical Studies of Social Capital: A Critical Survey [R]. Mimeo: University of Wisconsin, 2003.

[64] Ermisoglu, Ergun, Akcelik. GDP Prowth and CREDIT Data [R]. Munich: MPRA Working Paper, 2013.

[65] Fabbri D. , Menichini A. M. C. Trade Credit, Collateral Liquidation, and Borrowing Constraints [J]. Journal of Financial Economics, 2010, 96 (3): 413-432.

[66] Fabbri D. , Menichini A. M. C. Trade Credit, Collateral Liquidation and Borrowing Constraints [J]. Journal of Financial Economics, 2010, 96 (3): 413-432.

[67] Faccio M. Politically Connected Firms [J]. American Economic Review, 2006, 96 (1), 369-386.

[68] Fisman R. , M. Raturi. Does Competition Encourage Credit Provision? Evidence from African Trading Relationships [J] . Review of Economic Statistics, 2004 (86): 345-352.

[69] Fan J. Q. , Li R. Z. Variable Selection Via Non-concave Penalized Likelihood and its Oracle Properties [J]. Journal of the American Statistical Association, 2001, 96 (456): 1348-1360.

[70] Fan J. P. , Titman S. , Twite G. An international Comparison of Capital Structure and Debt Maturity Choices [J]. Journal of Financial and Quantitative Analysis, 2012, 47 (1): 23-56.

[71] Fink G. Haiss P. Hristoforova S. Credit, Bonds, Stocks and Growth in Seven Large Economies [R]. EI Working Paper, 2006.

[72] Fisman R. , Love I. Trade Credit, Financial Intermediary Development and Industry Growth [J]. Journal of Finance, 2003, 58 (1): 353-374.

[73] Fisman R. Trade Credit and Productive Efficiency in Developing Countries [J]. World Development, 2011, 29 (2): 311-321.

[74] Gallemore J. , Labro E. The Importance of the Internal Information Environment for Tax Avoidance [J]. Journal of Accounting and Economics, 2014 (60): 149-167.

[75] Gergl A. , Jakubfk P. Relationship Lending, Firms' Behavior and Credit Risk: Evidence from the Czech Republic [R]. IES Working Paper, 2010.

[76] Ge Y. , Qiu J. Financial Development, Bank Discrimination and Trade Credit [J]. Journal of Banking & Finance, 2007, 31 (2): 513-530.

[77] Ghosh C. , He F. Do Banks Charge Information Rent in Lending Relationships? Cross-Country Evidence [R]. Working Paper, 2012.

[78] Giannetti M. , Burkart M. , Ellingsen T. What You Sell is What You Lend? Explaining Trade Credit Contracts [J]. Review of Financial Studies, 2011 (4): 1261-1298.

[79] Glenn H. , Thomas M. Choice and Performance of Governance Mechanisms [J]. Strategic Management Journal, 2009, 30 (10): 1025-1044.

[80] Gomariz M. F. , Ballesta J. P. Financial Reporting Quality, Debt Maturity and Investment Efficiency [J]. Journal of Banking & Finance, 2014 (40): 494-506.

[81] Guariglia A. , Mateut S. Credit Channel, Trade Credit Channel, and Inventory Investment: Evidence from a Panel of UK Firms [J]. Journal of Banking and Finance, 2006, 30 (10): 2835-2856.

[82] Guariglia A. , Mateut S. Political Affiliation and Trade Credit Extension by Chinese Firms [C]. IFABS Conference on Financial Intermediation,

Competition and Risk, 2011.

[83] Guiso L. , Sapienza P. , Zingales L. The Role of Social Capital in Financial Development [J]. American Economic Review, 2004 (94): 526-556.

[84] Hasan I. , Hoi C. K. , Wu Q. , et al. Beauty is in the Eye of the Beholder: The Effect of Corporate Tax Avoidance on the Cost of Bank Loans [J]. Journal of Financial Economics, 2014, 113 (1): 109-130.

[85] He Q. , Zou H. F. Creative Destruction with Credit Inflation [R]. CEMA Working Paper No. 591, 2013.

[86] Holthausen R. W. , Leftwich R. W. The Effect of Bond Rating Changes on Common Stock Prices [J]. Journal of Financial Economics, 1986, 17 (1): 57-89.

[87] Huang H. , Shi X. , Zhang S. Counter-cyclical Sub-situation between Trade Credit and Bank Credit [J]. Journal of Banking & Finance, 2011, 35 (8): 1859-1878.

[88] Huang J. , Ma S. , Li H. , et al. The Sparse Laplacian Shrinkage Estimator for High-dimensional Regression [J]. The Annals of Statistics, 2011, 39 (4): 2021-2046.

[89] Huang Y. , Wang X. Does Financial Repression Inhibit or Facilitate Economic Growth? A Case Study of Chinese Reform Experience [J]. Oxford Bulletin of Economics and Statistics, 2011, 73 (6): 833-855.

[90] Hui K. W. , Klasa S. , Yeung P. E. Corporate Suppliers and Customers and Accounting Conservatism [J]. Journal of Accounting and Economics, 2012, 53 (2): 115-135.

[91] Jappelli T. , Pagano M. Information Sharing, Lending and Defaults: Cross-country Evidence [J]. Journal of Banking and Finance, 2002, 26 (10): 2017-2045.

[92] Jensen M. C. , Meckling W. H. Rights and Production Functions: And Application to Labor Managed Firms and Codetermination [J]. Journal of

Business, 1979, 52 (4): 469-506.

[93] Jensen M. C. , Meckling W. H. Theory of the Firm: Managerial Behavior, Agency Costs and Ownership Structure [J]. Journal of Financial Economics, 1976, 3 (4): 305-360.

[94] Jiang C. The Nature of Political Connection and Firm Value [J]. International Finance Review, 2008, 9 (2): 461-494.

[95] Jones E. L. Cultures Merging: A Historical and Economic Critique of Culture [M]. Princeton: Princeton University Press, 2006.

[96] Jorion P. , Liu Z. , Shi C. Informational Effects of Regulation Fed: Evidence from Rating Agencies [J]. Journal of Financial Economics, 2005, 76 (2): 309-330.

[97] Jun D. , Alessandra G. , Alexander N. Does Social Capital Affect the Financing Fecisions of Chinese Small and Medium-sized Enterprise? [J]. Electronic Journal, 2010, 10 (13): 272-276.

[98] Kale P. , Singh H. , Perlmutter H. Learning and Protection of Proprietary Assets in Atrategic Alliances: Building Relational Capital [J]. Strategic Management Journal, 2000, 21 (3): 217-237.

[99] Kelly R. J. , Mcquinn K. , Stuart R. Exploring the Steady-state Relationship Between CREDIT and GDP for a Small Open Economy: The Case of Ireland [J]. Research Technical Papers, 2011, 42 (4): 455-477.

[100] Kim J. , Song B. Y. , Zhang L. Internal Control Weakness and Bank Loan Contracting: Evidence from SOX Section 404 Disclosures [J]. The Accounting Review, 2011, 86 (4): 1157-1188.

[101] Kim J. , Li Y. , Zhang L. Corporate Tax Avoidance and Stock Price Crash Risk: Firm-level Analysis [J]. Journal of Financial Economics, 2011, 100 (3): 639-662.

[102] Klapper L. , Laeven L, Rajan R. Trade Credit Contracts [J]. Review of Financial Studies, 2012, 25 (3): 838-867.

［103］Kliger D. , Sarig O. The Information Value of Bond Ratings ［J］. The Journal of Finance, 2000, 55 (6): 2879-2902.

［104］Kling G. , Paul S. , Gonis E. Cash Holding, Trade Credit and Access to Short-term Bank Finance ［J］. International Review of Financial Analysis, 2014 (32): 123-131.

［105］Knight B. Are Policy Platforms Capitalized into Equity Prices? Evidence from the Bush /Gore 2000 Presidential Election ［J］. Journal of Public Economics, 2007, 91 (1-2): 389-409.

［106］Kraus A. , Litzenberger R. A State-performance Model of Optimal Financial Leverage ［J］. Journal of Finance, 1973 (28): 954-957.

［107］La Porta R. , Lopez-de-Silanes F. , Shleifer A. Investor Protection and Corporate Valuation ［J］. Journal of Finance, 2002, 57 (3): 1147-1170.

［108］Levy M. , Powell P. Strategies for growth in SMEs: The Role of Information and Information Systems ［M］. Oxford: Elsevier Butterworth-Heinemann Oxford, 2005.

［109］Li J. J. , Kevin L. P. , Zhou Z. Do Managerial Ties in China always Produce Value? Competition, Uncertainty and Domestic and Foreign Firms ［J］. Strategic Management Journal, 2008, 29 (4): 383-400.

［110］Li J. S. Relation-based versus Rule-based Governance: An Explanation of the East Asian Miracle and Asian Crisis ［J］. Review of International Economics, 2003, 11 (4): 651-673.

［111］Love I. , Preve L. A. , Sarria-Allende V. Trade Credit and Bank Credit: Evidence from Recent Financial Crisis ［J］. Journal of Financial Economics, 2007, 83 (2): 453-469.

［112］Love I. Financial Development and Financing Constraints: International Evidence from the Structural Investment Model ［J］. Review of Financial Studies, 2003 (16): 765-791.

［113］Love I. , Zaidi R. Trade Credit, Bank Credit and Financial Crisis

[J]. International Review of Finance, 2010, 10 (1): 125-147.

[114] Luts G. Arnold, John G. Riley. On the Possibility of Credit Rationing in the Stiglitz-Weiss Model [J]. The American Economic Review, 2009 (99): 2012-2021.

[115] Mahmoud S. N., Mohamed O. S. Credit Rationing, Interest Rates and Capital Accumulation [J]. Economic Modeling, 2011, 28 (6): 2719-2729.

[116] Marc D., Maurizio L. R. Local Financial Development and the Trade Credit Policy of Italian SME [J]. Small Business Economics, 2015, 44 (4): 905-924.

[117] Martinez-Miera D., Repullo R. Does Competition Reduce the Risk of Bank Failure? [J]. Review of Financial Studies, 2010, 23 (10): 3638-3664.

[118] Mathis J., Mc Andrews J., Rochet J. Rating the Raters: Are Reputation Concerns Powerful Enough to Discipline Rating Agencies? [J]. Journal of Monetary Economics, 2009, 56 (5): 657-674.

[119] Mateut S., Bougheas S., Mizen P. Trade Credit, Bank Lending and Monetary Policy Transmission [J]. European Economic Review, 2006, 50 (3): 603-629.

[120] Mateut S. Reverse Trade Credit or Default Risk? Explaining the Use of Prepayments by Firms [J]. Journal of Corporate Finance, 2014 (29): 303-326.

[121] Mcfadyen M. A., Cannell A. A. Social Capital and Knowledge Creation: Diminishing Returns of the Number and Strength of Exchange Relationships [J]. Academy of Management Journal, 2004, 47 (9): 735-746.

[122] Mclean R., Zhang T. Y., Zhao M. X. Why Does the Law Matter? Investor Protection and its Effects on Investment, Finance, and Growth [J]. Journal of Finance, 2012, 67 (1): 313-350.

[123] Medvedev A., Fennell D. An Economic Analysis of Credit Rating Agency Business Models and Ratings Accuracy [J]. Financial Services Authority

Occasional Paper, 2011 (41).

[124] Mello R. , Miranda M. Long-term Debt and Overinvestment Agency Problem [J]. Journal of Banking & Finance, 2010, 34 (2): 324-335.

[125] Močnik D. Asset Specificity and a Firm's Borrowing Ability: An Empirical Analysis of Manufacturing Firms [J]. Journal of Economic Behavior & Organization, 2001, 45 (1): 69-81.

[126] Mojon B. , Smets F. , Vermeulen P. Investment and Monetary Policy in the Euro Area [J]. Journal of Banking and Finance, 2002 (11): 2111-2129.

[127] Molina C. A. , Preve L. A. An Empirical Analysis of the Effect of Financial Distress on Trade Credit [J]. Financial Management, 2012, 41 (1): 187-205.

[128] Niessen A. R. , Stefan R. Political Connectedness and Firm Performance Evidence from Germany [J]. German Economic Review, 2010, 11 (4): 441-464.

[129] Nilsen J. H. Trade Credit and the Bank Lending Channel [J]. Journal of Money, Credit and Banking, 2002, 34 (1): 226-253.

[130] Niskanen J. , Niskanen M. Accounts Receivable and Accounts Payable in Large Finnish Firms' Balance Sheets: What Determines Their Levels? [J]. LTA, 2000 (4): 489-503.

[131] Ogawa K. , Sterken E. , Tokutsu I. The Trade Credit Channel Revisited: Evidence from Micro Data of Japanese Small Firms [J]. Small Business Economics, 2013, 40 (1): 101-118.

[132] Opp C. C. , Opp M. M. , Harris M. Rating Agencies in the Face of Regulation [J]. Journal of Financial Economics, 2013, 108 (1): 46-61.

[133] Ostrom E. , Ahn T. K. Foundations of Social Capital [M]. Foundation Edward Elgar Publishing Limited, 2003.

[134] Ozerturk S. Ratings as Regulatory Stamps [J]. Journal of Economic

Behavior & Organization, 2014, 105 (9): 17-29.

[135] Paravxsini D. Local Bank Financial Constraints and Firm Access to External Finance [J]. The Journal of Finance, 2008, 63 (5): 2161-2193.

[136] Patrick B. , Huang J. Coordinate Descent Algorithms for Nonconvex Penalized Regression, with Applications to Biological Feature Selection [J]. Annals of Applied Statistics, 2011, 5 (1): 232-253.

[137] Petersen M. A. , Rajah R. G. Does Distance still Matter? The Information Revolution in Small Business Leading [J]. The Journal of Finance, 2002, 57 (6): 2533-2570.

[138] Phillips J. Corporate Tax-planning Effectiveness: The Role of Compensation-based Incentives [J]. The Accounting Review, 2003, 78 (3): 847-874.

[139] Poon W. P. , Chan K. C. An Empirical Examination of the Informational Content of Credit Ratings in China [J]. Journal of Business Research, 2008, 61 (7): 790-797.

[140] Portes A. , Landolt P. Social Capital: Promise and Pitfalls of its Role in Development [J]. Journal of Latin American Studies, 2000, 32 (2): 529-547.

[141] Qian J. , Strahan P. E. , Yang Z. The Impact of Incentives and Communication Costs on Information Production and Use: Evidence from Bank Lending [J]. The Journal of Finance, 2015, 70 (4): 1457-1493.

[142] Raman K. , Shahrur H. Relationship-Specific Investments and Earnings Management: Evidence on Corporate Suppliers and Customers [J]. The Accounting Review, 2011, 83 (4): 1041-1081.

[143] Rice T. , Strahan P. E. Does Credit Competition Affect Small-firm Finance [J]. The Journal of Finance, 2010, 65 (3): 861-889.

[144] Richardson S. Over-investment of Free Cash Flow [J]. Review of Accounting Studies, 2006, 11 (2): 159-189.

［145］ Rioia F. K. , Valev N. T. Finance and the Sources of Growth at Various Stages of Economic Development ［J］. Economic Inquiry, 2004, 42 （1）: 127-140.

［146］ Rossi M. , Vrontis D. , Thrassou A. Wine Business in a Changing Competitive Environment? Strategic and Financial Choices of Campania wine Firms ［J］. International Journal of Business and Globalization, 2012, 8 （1）: 112-130.

［147］ Sangiorgi F. , Spatt C. S. Opacity, Credit Rating Shopping and Bias ［R］. Unpublished Working Paper, 2013.

［148］ Sarkar S. , Zhang C. Underinvestment and the Design of Performance-sensitive Debt ［J］. International Review of Economics & Finance, 2015 （37）: 240-253.

［149］ Scherr F. C. , Hulburt H. M. The Debt Maturity Structure of Small Firms ［J］. Financial Management, 2001 （30）: 85-111.

［150］ Schenone C. Lending Relationships and Information Rents: Do Banks Exploit Their Information Advantages? ［J］. Review of Financial Studies, 2009 （23）: 1149-1199.

［151］ Severin E. , P. Alphones, J. Ducret. When Trade Credit Facilitates Access to Bank Finance: Evidence from US Small Business Data ［R］. EFMA 2004 Basel Meetings Paper, 2004.

［152］ Sheng H. , Bortoluzzo A. B. , Dos Santos GAP. Impact of Trade Credit on Firm Inventory Investment during Financial Crises: Evidence from Latin America ［J］. Emerging Markets Finance and Trade, 2013 （49）: 32-52.

［153］ Show E. S. Financial Deepening in Economic Development ［M］. Oxford: Oxford University Press, 1973.

［154］ Skreta V. , Veldkamp L. Ratings Shopping and Asset Complexity: A Theory of Ratings Inflation ［J］. Journal of Monetary Economics, 2009, 56 （5）: 678-695.

［155］ Stein J. C. Agency, Information and Corporate Investment ［J］. Handbook of the Economics of Finance, 2003 (1): 111-165.

［156］ Stewart C. Myers. The Capital Structure Puzzle ［J］. Journal of Finance, 1984 (39): 575-592.

［157］ Stiglitz J. E. , Weiss A. M. Incentive Effects of Terminations: Applications to Credit and Labor Markets ［J］. American Economic Review, 1983 (3): 912-927.

［158］ Stiglitz J. E. , Weiss A. M. Credit Rationing in Markets with Imperfect Information ［J］. American Economic Review, 1981 (3): 393-410.

［159］ Sullivan D. M. , Ford C. M. How Entrepreneurs Use Networks to Address Changing Rresource Requirements During Early Venture Development ［J］. Entrepreneurship Theory and Practice, 2014, 38 (3): 551-574.

［160］ Summers B. , Wilson N. An Empirical Investigation of Trade Credit Use: A Note ［J］. International Journal of the Economics of Business, 2002, 9 (2): 257-270.

［161］ Tsai Y. C. Effect of Social and Absorptive Capability on Innovation in Internet Marketing ［J］. International Journal of Management, 2006, 23 (1): 157-166.

［162］ Uchida H. , Udell G. F. , Watanabe W. Are Trade Creditors Relationship Lenders? ［J］. Japan and the World Economy, 2013 (25): 24-38.

［163］ Uesugi I. , Yamashiro G. M. How Trade Credit Differs from Loans: Evidence from Japanese Trading Companies ［R］. REITI Working Paper, 2004.

［164］ Van Horen N. Do firms Use Trade Credit as a Competitiveness Tool? —Evidence from Developing Countries ［R］. World Bank Working Paper, 2005.

［165］ Van Horen N. Customer Market Power and the Provision of Trade Credit: Evidence from Eastern Europe and Central Asia ［M］. Washington, DC: World Bank Publications, 2007.

［166］Wang Hung-Jen. A Stochastic Frontier Analysis of Financing Constraints on Investment: The Case of Financial Liberalization in Taiwan ［J］. Journal of Business & Economic Statistics, 2003, 21 (3): 406-419.

［167］Wilson N. Summers B. Trade Credit Terms Offered by Small Firms: Survey Evidence and Empirical Analysis ［J］. Journal of Business and Finance Accounting, 2002, 29 (3): 317-351.

［168］Wong S. H. Political Connections and Firm Performance, The Case of Hong Kong ［J］. Journal of East Asian Studies, 2010 (10): 275-313.

［169］Wooldridge J. Introductory Econometrics: A Modern Approach (3rd Edition) ［M］. Georgetown: South-Western College Press, 2005.

［170］Wu W., Rui O. M., Wu C. Trade Credit, Cash Holdings, and Financial Deepening: Evidence from a Transitional Economy ［J］. Journal of Banking & Finance, 2012, 36 (11): 2868-2883.

［171］Wynarczyk P. Late Payment of Commercial Debts (Interest) Act 1998: An Overview, 1994-1999 ［J］. Regional Studies, 2000, 34 (1): 87-89.

［172］Xiao G. Legal Shareholder Protection and Corporate R&D Investment ［J］. Journal of Corporate Finance, 2013 (23): 240-266.

［173］Zhang J., Souitaris V., Soh P., Wong. A Contingent Model of Network Utilization in Early Financing of Technology Ventures ［J］. Entrepreneurship Theory and Practice, 2008, 32 (4): 593-613.

［174］巴曙松. 构建联合协调机制——中国担保业监管框架的制度选择 ［J］. 国际贸易, 2006 (1): 14-19.

［175］巴曙松, 牛播坤. 新常态背景下降低融资成本的策略研究 ［J］. 经济纵横, 2015 (1): 82-86.

［176］薄仙慧, 吴联生. 国有控股与机构投资者的治理效应: 盈余管理视角 ［J］. 经济研究, 2009 (2): 81-91.

［177］陈彬, 卢荻, 田龙鹏. 商业信用、资源再配置与信用扭曲——基于中国非上市企业数据的研究 ［J］. 南开经济研究, 2016 (5): 3-18.

［178］陈放．后危机时代中国信用制度的重构［J］．探索，2010（6）：92-95.

［179］陈海强，韩乾，吴错．融资约束抑制技术效率提升吗？——基于制造业微观数据的实证研究［J］．金融研究，2015（10）：148-162.

［180］陈晓红，王地宁．企业信用管理制度的缺失与后果——基于838户企业调查数据的经验研究［J］．金融研究，2009（1）：194-206.

［181］陈紫晴，杨柳勇．融资结构、R&D投入与中小企业成长性［J］．财经问题研究，2015（9）：44-51.

［182］程六兵，刘峰．银行监管与信贷歧视——从会计稳健性的视角［J］．会计研究，2013（1）：28-34.

［183］程天笑，闻岳春．融资融券业务个人客户违约概率计量研究［J］．金融研究，2016（4）：174-189.

［184］程新生，谭有超，刘建梅．非财务信息、外部融资与投资效率——基于外部制度约束的研究［J］．管理世界，2012（7）：137-150.

［185］邓博文，曹廷贵．信用评级行业的监管与评级质量［J］．国际金融研究，2016，347（3）：40-50.

［186］邓超，胡威，唐莹．国内外小企业信用评分研究动态［J］．国际金融研究，2010（10）：84-91.

［187］邓向荣，张嘉明．融资方式、融资约束与企业投资效率——基于中国制造业企业的经验研究［J］．山西财经大学学报，2016（12）：29-40.

［188］邓召明，范伟．我国证券市场融资效率实证研究［J］．国际金融研究，2001（10）：60-64.

［189］董晓林，朱敏杰，杨小丽．信息约束、网络结构与小微金融普惠机制设计——兼论我国互联网融资平台的规范发展［J］．金融经济学研究，2016（5）：96-105.

［190］杜晓颖．企业信用评级体系的构建——基于非上市公司的视角［J］．金融经济学研究，2012（4）：86-96.

［191］樊纲．企业间债务与宏观经济波动（下）［J］．经济研究，

1996 (4)：3-12.

[192] 樊纲.企业间债务与宏观经济波动（上）[J].经济研究，1996 (3)：3-12.

[193] 樊纲，王小鲁，朱恒鹏.中国市场化指数——各地区市场化相对进程 2011 年报告 [M].北京：经济科学出版社，2011.

[194] 樊纲，王小鲁.中国市场化指数——各地区市场化相对进程 2009 年报告 [M].北京：经济科学出版社，2010.

[195] 方军雄.所有制、制度环境与信贷资金配置 [J].经济研究，2007 (12)：82-92.

[196] 方匡南，范新妍，马双鸽.基于网络结构 Logistic 模型的企业信用风险预警 [J].统计研究，2016，33 (4)：50-55.

[197] 方晓利.股票融资与信贷融资的比较和选择 [J].国际金融研究，2000 (5)：13-16.

[198] 冯玉梅，王刚.公司股票和债券价格中的信用风险信息效率研究 [J].国际金融研究，2016，351 (7)：83-96.

[199] 高蓓，郑联盛，张明.亚投行如何获得 AAA 评级——基于超主权信用评级方法的分析 [J].国际金融研究，2016，346 (2)：26-35.

[200] 葛永波，陈磊，刘立安.管理者风格：企业主动选择还是管理者随性施予?——基于中国上市公司投融资决策的证据 [J].金融研究，2016 (4)：190-206.

[201] 龚凯颂，张小康.融资约束、商业信用与企业投资行为 [C].中国会计学会 2011 学术年会论文集，2011.

[202] 顾群，翟淑萍.融资约束、代理成本与企业创新效率——来自上市高新技术企业的经验证据 [J].经济与管理研究，2012 (5)：73-80.

[203] 关伟.企业信用管理 [M].北京：中国人民大学出版社，2009.

[204] 关伟等.金融机构信用管理 [M].北京：高等教育出版社，2015.

［205］管晓永．企业信用能力表征量双重相关性实证研究［J］．科研管理，2010，31（2）：114-120．

［206］管晓永．基于我国价值文化的企业信用品质评价表征量实证研究［J］．科研管理，2011，32（5）：156-162．

［207］管晓永，孙伯灿．中小企业信用管理与评价研究［M］．杭州：浙江大学出版社，2006．

［208］管征．上市公司股权再融资［M］．北京：社会科学文献出版社，2006．

［209］郭丽虹，马文杰．债务融资、商业信贷与中小企业投资——来自非上市制造业企业的证据［J］．财经研究，2011，37（3）：136-144．

［210］郭濂．国际三大信用评级机构的比较研究［J］．中南财经政法大学学报，2015（1）．

［211］国际货币基金组织．世界经济展望［M］．北京：中国金融出版社，2016．

［212］国务院发展研究中心企业研究所．中国企业发展报告（2002/2009/2015/2016）［M］．北京：中国发展出版社，2002，2009，2015，2016．

［213］何平，金梦．信用评级在中国债券市场的影响力［J］．金融研究，2010（4）：15-28．

［214］何其春，邹恒甫．信用膨胀、虚拟经济、资源配置与经济增长［J］．经济研究，2015（4）：36-49．

［215］何宜强．企业信用风险管理模型的比较［J］．统计与决策，2010（3）：171-173．

［216］何瑛，张大伟．管理者特质、负债融资与企业价值［J］．会计研究，2015（8）：65-72．

［217］何玉华，俞立平．中国金融发展与经济增长关系及同步性研究：兼对二者关系实证结果矛盾的解释［J］．数学的实践与认识，2013，43（11）：73-82．

［218］何运信．我国多层次征信体系的生成机理与演化路径［J］．宏

观经济研究，2009（1）：67-72.

[219] 贺琼，刘登金. 信用担保公司与商业银行的担保博弈 [J]. 财会月刊，2011（12）：41-42.

[220] 侯昊鹏. 国内外企业信用评级指标体系研究的新关注 [J]. 经济学家，2012（5）：88-97.

[221] 胡泽，夏新平，余明桂. 金融发展、流动性与商业信用：基于全球金融危机的实证研究 [J]. 南开管理评论，2013，16（3）：4-15.

[222] 黄波. 金融信用与经济增长——基于总量数据的实证研究 [M]. 上海：社会科学文献出版社，2011.

[223] 黄小琳，朱松，陈关亭. 持股金融机构对企业负债融资与债务结构的影响——基于上市公司的实证研究 [J]. 金融研究，2015（12）：130-145.

[224] 黄晓晔. 取信还是守信：一项有关中国企业信用建立的个案研究 [J]. 江苏社会科学，2014（1）：97-104.

[225] 黄子健，王龑. 大数据、互联网金融与信用资本：破解小微企业融资悖论 [J]. 金融经济学研究，2015（1）：55-67.

[226] 江伟，曾业勤. 金融发展、产权性质与商业信用的信号传递作用 [J]. 金融研究，2013（6）：89-103.

[227] 江伟，李斌. 制度环境、国有产权与银行差别贷款 [J]. 金融研究，2006（11）：119-129.

[228] 姜付秀，支晓强，张敏. 投资者利益保护与股权融资成本——以中国上市公司为例的研究 [J]. 管理世界，2008（2）：117-125.

[229] 姜付秀，石贝贝，马云飙. 信息发布者的财务经历与企业融资约束 [J]. 经济研究，2016（6）：83-97.

[230] 金碚. 债务支付拖欠对当前经济及企业行为的影响 [J]. 经济研究，2006（5）：13-19.

[231] 柯武刚，史漫飞. 制度经济学 [M]. 北京：商务印书馆，2000.

[232] 寇宗来，盘宇章，刘学悦. 中国的信用评级真的影响发债成本

吗？［J］. 金融研究，2015（10）：81-98.

［233］赖翔青. 不对称信息条件下我国上市公司的融资行为研究及其效率评价［D］. 同济大学硕士学位论文，2002.

［234］李斌，江伟. 金融发展、融资约束与企业成长［J］. 南开经济研究，2006（3）：68-78.

［235］李关政，彭建刚. 经济周期、经济转型与企业信用风险评估——基于系统性风险的 Logistic 模型改进［J］. 经济经纬，2010（2）：87-90.

［236］李国青. 中小企业信用评级指标体系构建研究［J］. 财会通讯，2010（14）：41-42.

［237］李建标，孙宾宾，王鹏程. 财富约束、市场时机与融资行为的实验研究——优序融资和市场择时理论的行为元素提炼［J］. 金融研究，2016（5）：124-137.

［238］李建军，王德. 中国分离均衡信贷市场的利率定价——搜寻效率与风险因素检验［J］. 金融研究，2014（10）：1-14.

［239］李科，徐龙炳. 融资约束、债务能力与公司业绩［J］. 经济研究，2011（5）：61-73.

［240］李莉，高洪利，陈靖涵. 中国高科技企业信贷融资的信号博弈分析［J］. 经济研究，2015（6）：162-174.

［241］李明明，秦凤鸣. 中国信用评级的信息价值研究［J］. 产业经济评论（山东大学），2012（3）：149-185.

［242］李明明，秦凤鸣. 主权信用评级、债务危机与经济增长——来自欧元区国家的经验证据［J］. 金融研究，2016（10）：16-31.

［243］李琦，罗炜，谷仕平. 企业信用评级与盈余管理［J］. 经济研究，2011（52）：88-99.

［244］李新庚. 信用关系对市场经济发展的促进作用［J］. 中南林业科技大学学报（社会科学版），2010，4（5）：1-7.

［245］李向罡. 我国企业信用管理体系运行机制研究［D］. 吉林大学博士学位论文，2006.

［246］李扬，王国刚．中国金融发展报告［M］．北京：社会科学文献出版社，2014.

［247］李扬．中国金融发展报告［M］．北京：社会科学文献出版社，2005.

［248］李扬，王国刚．中国金融发展报告2012［M］．北京：社会科学文献出版社，2012.

［249］李增泉，辛显刚，于旭辉．金融发展、债务融资约束与金字塔结构——来自民营企业集团的证据［J］．管理世界，2008（1）：123-135.

［250］李志赟．银行结构与中小企业融资［J］．经济研究，2002（6）：38-45.

［251］连玉君，彭方平，苏治．融资约束与流动性管理行为［J］．金融研究，2010（10）：158-171.

［252］林均跃．社会信用体系原理［M］．北京：中国方正出版社，2003.

［253］林毅夫．制度、技术和中国农业发展［M］．上海：上海人民出版社，1993.

［254］林毅夫．金融体系、信用和中小企业融资［J］．浙江社会科学，2001（6）：9-11.

［255］林毅夫，孙希芳．信息、非正规金融与中小企业融资［J］．经济研究，2005（7）：35-44

［256］刘光明．企业信用［M］．北京：经济管理出版社，2003.

［257］刘海明，曹廷求．广告宣传、信息不对称与债务融资成本［J］．审计与经济研究，2015（6）：80-87.

［258］刘莉亚，何彦林，王照飞，程天笑．融资约束会影响中国企业对外直接投资吗？——基于微观视角的理论和实证分析［J］．金融研究，2015（8）：124-140.

［259］刘鹏飞，晏艳阳．社会资本与企业信用风险［J］．经济经纬，2016（2）：102-106.

［260］刘仁伍. 区域金融结构和金融发展理论与实证研究［M］. 北京：经济管理出版社，2003.

［261］刘伟，王汝芳. 中国资本市场效率实证分析——直接融资与间接融资效率比较［J］. 金融研究，2006（1）：64-73.

［262］刘小鲁. 我国商业信用的资源再配置效应与强制性特征——基于工业企业数据的实证检验［J］. 中国人民大学学报，2012，26（1）：68-77.

［263］刘星，魏锋，詹宇，Benjamin Y. Tai. 我国上市公司融资顺序的实证研究［J］. 会计研究，2004（6）：66-72.

［264］刘星，张超，辛清泉. 融资约束还是需求冲击？——金融危机期间中国上市公司资本投资研究［J］. 金融研究，2016（11）：80-95.

［265］卢福财. 企业融资效率分析［M］. 北京：经济管理出版社，2001.

［266］陆建桥. 中国亏损上市公司盈余管理实证研究［J］. 会计研究，1999（9）：88-89.

［267］陆世敏，戴国强. 中国金融发展报告［M］. 上海：上海财经大学出版社，2000.

［268］陆正飞，祝继高，樊铮. 银根紧缩、信贷歧视与民营上市公司投资者利益损失［J］. 金融研究，2009（8）：124-136.

［269］陆正飞，祝继高，孙便霞. 盈余管理、会计信息与银行债务契约［J］. 管理世界，2008（3）：152-158.

［270］陆正飞，杨德刚. 商业信用：替代性融资，还是买方市场？［J］. 管理世界，2011（4）：6-14.

［271］罗长远，季心宇. 融资约束下的企业出口和研发："鱼"与"熊掌"不可得兼？［J］. 金融研究，2015（9）：140-158.

［272］罗丹阳，殷兴山. 民营中小企业非正规融资研究［J］. 金融研究，2006（4）：142-150.

［273］罗党论，甄丽明. 民营控制、政治关系与企业融资约束——基于中国民营上市公司的经验证据［J］. 金融研究，2008（12）：164-178.

［274］罗军.民营企业融资约束、对外直接投资与技术创新［J］.中央财经大学学报，2017（1）：96-103.

［275］罗炜，饶品贵.盈余质量、制度环境与投行变更［J］.管理世界，2010（3）：140-149.

［276］罗伟，吕越.金融市场分割、信贷失衡与中国制造业出口——基于效率和融资能力双重异质性视角的研究［J］.经济研究，2015（10）：49-63.

［277］罗响，吴晓欣.融资约束、代理问题与投资行为关系的实证分析［J］.统计与决策，2015（11）：160-163.

［278］吕越，罗伟，刘斌.异质性企业与全球价值链嵌入：基于效率和融资的视角［J］.世界经济，2015（8）：29-55.

［279］吕劲松.关于中小企业融资难、融资贵问题的思考［J］.金融研究，2015（11）：115-123.

［280］茅锐.产业集聚和企业的融资约束［J］.管理世界，2015（2）：58-71.

［281］潘金生等.中国信用制度建设［M］.北京：经济科学出版社，2003.

［282］牛华伟.代理成本与"信用价差之谜"［J］.管理科学学报，2016，19（8）：54-66.

［283］庞建敏.企业信用管理研究——基于企业的案例分析［J］.金融研究，2007（11），162-171.

［284］彭红军，孙恺.信用额度决策下供应链商业信用融资最优策略［J］.统计与决策，2016（1）：37-39.

［285］申慧慧，黄张凯，吴联生.股权分置改革的盈余质量效应［J］.会计研究，2009（8）：40-48.

［286］申宇，赵静梅.吃喝费用的"得"与"失"——基于上市公司投融资效率的研究［J］.金融研究，2016（3）：140-156.

［287］沈洪波，廖冠民.信用评级机构可以提供增量信息吗？——基

于短期融资券的实证检验 [J]．财贸经济，2014，35（8）：62-70.

[288] 沈洪明．转型经济条件下民营中小企业融资和企业信用 [J]．管理世界，2006（10）：162-163.

[289] 沈沛龙，周浩．基于支持向量机理论的中小企业信用风险预测研究 [J]．国际金融研究，2010（8）：77-85.

[290] 沈友华．我国企业融资效率及影响因素研究——基于国有企业和民营企业的比较分析 [D]．江西财经大学博士学位论文，2009.

[291] 石晓军，张顺明．商业信用、融资约束及效率影响 [J]．经济研究，2010（1）：102-114.

[292] 石晓军，陈殿左．信用治理文化、流程与工具 [M]．北京：机械工业出版社，2004.

[293] 宋淑琴，姚凯丽．融资约束、异质债务与过度投资差异化：民营上市公司 2007—2011 年样本 [J]．改革，2014（1）：138-147.

[294] 孙会霞，陈金明，陈运森．银行信贷配置、信用风险定价与企业融资效率 [J]．金融研究，2013（11）：55-67.

[295] 孙克，冯宗宪．企业债"信用价差之谜"的最新研究与未来展望 [J]．证券市场导报，2007（1）：73-77.

[296] 孙磊．信用体系演化的经济学分析 [M]．北京：中国金融出版社，2010.

[297] 孙林．市场交易中的信息披露最优与交易效率研究：基于融资市场的例证 [M]．北京：中国经济出版社，2016.

[298] 孙永祥．所有权、融资结构与公司治理机制 [J]．经济研究，2001（1）：45-53.

[299] 唐清泉，巫岑．银行业结构与企业创新活动的融资约束 [J]．金融研究，2015（7）：116-134.

[300] 唐振鹏，陈尾虹，黄友珀．上市公司信用风险的度量 [J]．统计与决策，2016（24）.

[301] 童盼，陆正飞．负债融资、负债来源与企业投资行为——来自

中国上市公司的经验证据 [J].经济研究,2005 (5):75-84.

[302] 万良勇.法治环境与企业投资效率——基于中国上市公司的实证研究 [J].金融研究,2013 (12):154-166.

[303] 汪辉.上市公司债务融资、公司治理与市场价值 [J].经济研究,2003 (8):28-35.

[304] 王安兴,解文增,余文龙.中国公司债利差的构成及影响因素实证分析 [J].管理科学学报,2012,15 (5):32-41.

[305] 王传东,王家传.中小企业信用担保的国际经验与借鉴 [J].国际金融研究,2005 (10):28-32.

[306] 王克敏,廉鹏.保荐制度改善首发上市公司盈余质量了吗?[J].管理世界,2010 (8):21-34.

[307] 王明华.企业融资效率 [M].北京:中国经济出版社,2000.

[308] 王丽珠.我国中小企业信用担保体系的国际借鉴——以日本为例 [J].国际金融研究,2009 (7):87-96.

[309] 王彦超.融资约束、现金持有与过度投资 [J].金融研究,2009 (7):121-133.

[310] 王辉耀.企业国际化蓝皮书——中国企业全球化报告 [M].北京:社会科学文献出版社,2016.

[311] 王在全.中国民营企业融资状况发展报告 [M].北京:中国经济出版社,2015.

[312] 王朝弟.中小企业融资问题与金融支持的几点思考 [J].金融研究,2003 (1):90-97.

[313] 文学舟,梅强.日美意三种模式信用担保机构的国际比较与借鉴 [J].经济问题探索,2011 (7):173-179.

[314] 魏开文.中小企业融资效率模糊分析 [J].金融研究,2001 (6):67-74.

[315] 魏涛,陆正飞,单宏伟.非经常性损益盈余管理的动机,手段和作用研究——来自中国上市公司的经验证据 [J].管理世界,2007

（1）：113-121.

［316］吴晗 . 我国融资结构演进对经济增长的影响——基于新结构经济学视角的经验分析［J］. 经济问题探索，2015（1）：115-122.

［317］吴晶妹 . 现代信用发展四大特征与我国信用体系建设［C］. 中德信用体系建设国际研讨会论文集，2002.

［318］吴晶妹 . 现代信用学［M］. 北京：中国金融出版社，2002.

［319］吴晶妹 . 信用活动对经济增长的长期效应［J］. 成人高教学刊，2003（3）：41-44.

［320］吴晶妹 . 产权、道德、法律——社会信用制度的三大支柱［J］. 前线，2004（4）：15-17.

［321］吴晶妹 . 信用规模、信用结构与经济增长——从美国信用活动轨迹看我国信用制度的建设［J］. 金融论坛，2004（2）：34-39.

［322］吴晶妹，李诗洋 . 信用规模与经济增长：中美比较分析［J］. 财贸经济，2007（9）：68-74.

［323］吴晶妹 . 现代信用学［M］. 北京：中国人民大学出版社，2009.

［324］吴晶妹 . 信用管理概论［M］. 上海：上海财经大学出版社，2011.

［325］吴晶妹 . 三维信用论［M］. 北京：当代中国出版社，2013.

［326］吴晶妹，韩家平 . 信用管理学［M］. 北京：高等教育出版社，2015.

［327］吴晶妹，薛凡 . 吴氏三维信用理论在科技信用评价中的应用［J］. 科学管理研究，2016（3）：37-40.

［328］吴明玺 . 世界各国中小企业信用担保制度的经验及对我国的启示［J］. 世界经济研究，2014（7）：16-21.

［329］吴晓波 . 历代经济变革得失［M］. 杭州：浙江大学出版社，2013.

［330］吴勇 . 农村中小企业信贷融资问题博弈分析［J］. 管理世界，2015（1）：171-172.

［331］夏凡，姚志勇 . 评级高估与低估：论国际信用评级机构"顺周

期"行为 [J]. 金融研究, 2013 (2): 184-193.

[332] 夏立军, 方轶强. 政府控制、治理环境与公司价值——来自中国证券市场的经验证据 [J]. 经济研究, 2005 (5): 40-51.

[333] 肖斌卿, 杨旸, 李心丹, 李昊骅. 基于模糊神经网络的小微企业信用评级研究 [J]. 管理科学学报, 2016, 19 (11): 114-126.

[334] 肖泽忠, 邹宏. 中国上市公司资本结构的影响因素和股权融资偏好 [J]. 经济研究, 2008 (6): 119-134.

[335] 解维敏, 方红星. 金融发展、融资约束与企业研发投入 [J]. 金融研究, 2011 (5): 171-183.

[336] 熊彼特. 经济发展理论 [M]. 北京: 中国画报出版社, 2012.

[337] 熊正德, 阳芳娟, 万军. 基于两阶段 DEA 模型的上市公司债权融资效率研究以战略性新兴产业新能源汽车为例 [J]. 财经理论与实践, 2014 (5): 51-56.

[338] 徐超. 美国信贷市场结构: 演变、影响及启示——基于金融监管视角 [J]. 国际金融研究, 2014 (5): 52-62.

[339] 徐浩萍, 陈超. 会计盈余质量, 新股定价与长期绩效——来自中国 IPO 市场发行制度改革后的证据 [J]. 管理世界, 2009 (8): 25-38.

[340] 徐军祖, 王卓甫, 洪伟民. 产权制度与企业信用缺失 [J]. 财经科学, 2009 (3): 64-70.

[341] 徐倩. 不确定性、股权激励与非效率投资 [J]. 会计研究, 2014 (3): 41-48.

[342] 许遵武. 后金融危机时期国际航运企业信用风险分析与管理 [J]. 管理世界, 2014 (6): 1-8.

[343] 严兵, 张禹. 生产率、融资约束与对外直接投资 [J]. 世界经济研究, 2016 (9): 86-96.

[344] 杨连星, 张杰, 金群. 金融发展、融资约束与企业出口的三元边际 [J]. 国际贸易问题, 2015 (4): 95-105.

[345] 杨胜刚, 胡海波. 不对称信息下的中小企业信用担保问题研究

［J］. 金融研究，2006（1）：118-126.

［346］杨兴全. 上市公司融资效率问题研究 ［M］. 北京：中国财政经济出版社，2005.

［347］杨永生，周子元. 资产价值增长率在企业信用风险评估中的应用 ［J］. 经济问题探索，2010（7）：93-98.

［348］叶万安. 从管制到开发：台湾经济自由化的艰辛历程 ［M］. 台湾：天下文化出版社，2011.

［349］叶望春. 金融工程与金融效率相关问题研究综述 ［J］. 经济评论，1999（4）：76-84.

［350］应千伟，罗党论. 授信额度与投资效率 ［J］. 金融研究，2012（5）：151-163.

［351］喻坤，李治国，张晓蕾，徐剑刚. 企业投资效率之谜：融资约束假说与货币政策冲击 ［J］. 经济研究，2014（5）：106-120.

［352］运迪，周建辉. 基于改进 Z 值模型的企业信用风险评估与检验 ［J］. 统计与决策，2014（10）：173-176.

［353］余明桂，潘红波. 政府干预、法制、金融发展与国有企业银行贷款 ［J］. 金融研究，2008（9）：1-22.

［354］曾颖，陆正飞. 信息披露质量与股权融资成本 ［J］. 经济研究，2006（2）：69-79.

［355］张杰. 民营经济的金融困境与融资次序 ［J］. 经济研究，2000（4）：3-10.

［356］张杰. 中国金融制度选择的经济学 ［M］. 北京：中国人民大学出版社，2007.

［357］张杰. 金融抑制、融资约束与出口产品质量 ［J］. 金融研究，2015（6）：64-79.

［358］张杰，刘元春，翟福昕，芦哲. 银行歧视、商业信用与企业发展 ［J］. 世界经济，2013（9）：94-126.

［359］张明君. 中国货币供给内生性研究 ［M］. 北京：中国经济出版

社，2010.

[360] 张目，匡暑炎，闫慧杰. 战略性新兴产业企业信用的评价 [J].
统计与决策，2013（21）：57-59.

[361] 张卫，成婧. 协同治理：中国社会信用体系建设的模式选择
[J]. 南京社会科学，2012（11）：86-90.

[362] 张新民，张婷婷. 信贷歧视、商业信用与资本配置效率 [J].
经济与管理研究，2016，37（4）：26-33.

[363] 张延良，胡超，胡晓艳. 基于 DEA 方法的金砖国家股票市场
融资效率比较研究 [J]. 世界经济研究，2015（7）：44-52.

[364] 张奕，艾春荣，洪占卿. 信用评级与银行风险管理 [J]. 金融
论坛，2014（1）：50-59.

[365] 张卓琳. 中小企业信用担保机构有效运行模式研究 [D]. 中南
大学博士学位论文，2005.

[366] 赵学军. 我国商业信用的发展与变迁 [M]. 北京：方志出版
社，2008.

[367] 赵岳，谭之博. 电子商务、银行信贷与中小企业融资——一个
基于信息经济学的理论模型 [J]. 经济研究，2012（7）：99-112.

[368] 郑江淮，何旭强，王华. 上市公司投资的融资约束：从股权结
构角度的实证分析 [J]. 金融研究，2001（11）：92-99.

[369] 郑也夫. 信用论 [M]. 北京：中国广播电视出版社，2001.

[370] 郑也夫，彭泗清. 中国社会的信任 [M]. 北京：中国城市出版
社，2003.

[371] 中国合作贸易企业协会，商务部研究院信用评级与认证中心.
中国企业信用发展报告（2015/2016）[M]. 北京：中国经济出版社，
2015，2016.

[372] 中国人民银行. "征信与中国经济"国际研讨会文集 [M]. 北
京：中国金融出版社，2004.

[373] 钟明，郭文伟，宋光辉. 企业异质性、融资模式与科技型小微

企业信用 ［J］. 中国科技论坛，2013，1（11）：117-123.

　　［374］周春喜，鲍若水 . 逆向选择、道德风险与金融中介交易成本：缘自合会的投融资效率 ［J］. 改革，2013（2）：142-150.

　　［375］周德友 . 制度环境、盈余管理与信贷融资 ［J］. 宏观经济研究，2015（3）：120-133.

　　［376］朱星文 . 论企业信用风险及其控制 ［J］. 江西财经大学学报，2012（6）：27-33.

　　［377］褚晓琳 . 中国上市公司股权融资偏好的博弈分析 ［M］. 北京：中国财富出版社，2010.

　　［378］邹纯 . 信用评级高估与融资的所有制歧视——基于中国公司债的数据 ［J］. 经济与管理研究，2015（7）：44-52.